本书受国家自然科学基金资助（项目号：72072180）

组织系统与人力资本战略升级

周禹　著

中国商务出版社
CHINA COMMERCE AND TRADE PRESS

图书在版编目（CIP）数据

组织系统与人力资本战略升级 / 周禹著 . -- 北京：
中国商务出版社，2021.5（2023.3重印）

ISBN 978-7-5103-3806-9

Ⅰ.①组… Ⅱ.①周… Ⅲ.①企业管理—组织管理—
研究②企业管理—人力资源管理—研究 Ⅳ.①F272.9

中国版本图书馆 CIP 数据核字（2021）第 087594 号

组织系统与人力资本战略升级
ZUZHI XITONG YU RENLI ZIBEN ZHANLUE SHENGJI
周禹　著

出　　版：	中国商务出版社	
地　　址：	北京市东城区安定门外大街东后巷28号	邮编：100710
责任部门：	教育培训事业部（010-64243016　gmxhksb@163.com）	
责任编辑：	刘姝辰	
总 发 行：	中国商务出版社发行部（010-64208388　64515150）	
网购零售：	中国商务出版社考培部（010-64286917）	
网　　址：	http://www.cctpress.com	
网　　店：	https://shop162373850.taobao.com/	
邮　　箱：	cctp6@cctpress.com	
开　　本：	710毫米×1000毫米　1/16	
印　　张：	12	字　数：201千字
版　　次：	2021年6月第1版	印　次：2023年3月第2次印刷
书　　号：	ISBN 978-7-5103-3806-9	
定　　价：	56.00元	

序　言

在百年未有之大变局的时代，中国企业进入到转型升级发展的关键突破期，企业更需要全面激发企业家精神，以干事创业敢担当的决心、变革突破敢创新的魄力和持续奋斗不松劲的韧性，深度践行创新驱动、高质量发展的战略导向要求。这是我国企业实现"体质"根本性升级、穿越周期的大考，更是大道。

时代是思想之母，实践是理论之源。本书旨在为我国企业成功开拓、走出转型升级发展的大道，提供系统性的理论框架和实践方法论指引。尤其是，企业的组织系统与人力资源机制，作为社会经济在企业主体层面的生产关系安排，其创新升级是激发解放企业生产力的重要方面。本书也重点围绕着企业组织系统和人力资源机制的变革创新升级，提出并构建了一系列原创性的思考洞察和框架方法，力求做到理论穿透力、框架系统性和方法应用性的兼容结合。

结合时代环境的变迁与特点，本书首先构建了指引企业进行变革升级的整体框架（见第一章），即围绕着"战略－文化－组织－机制－人"

五位一体系统筹划、重点突破、有序推进，并拥抱数字化的科技力量，配套变革、融合创新发展。

其次，本书还进一步聚焦企业的组织系统（见第二章），提出了"组织系统能力"建设的新内涵和新算法，即组织系统能力 = 矢量方向 × 组织人力 × 组织动力 × 组织算力，进而构建了包含组织人才效能（People）、制度动能（Institutions）、装备智能（Intelligence）三大维度的组织系统能力建设"PII框架"，并在各主轴维度下导出十五项关键建设抓手，为企业设计实施组织变革的全景蓝图和路线图，提供了系统方法论。

发展是第一要务、人才是第一资源、创新是第一动力。组织平台系统升级的根本目的，也在于激发人才的创造效能和创新动能。我国企业更亟待超越一直以来所依赖的低劳动力成本红利，通过人才管理机制的升级充分激发人力资本的创新红利。因此，本书还以人力资本的价值创造和增值为逻辑主线（见第三章至第八章），更加充分地就企业人力资源机制的创新升级，提供了具有标杆前沿意义的若干关键思路与方法。

本书将人才的管理激发提升至企业的战略层面（见第三章），纲举目张、战略引领，为企业制定"人才战略"构建了包含八大要素的方法框架，并强调了高层管理者、各级业务管理者及人力资源部门，三位一体从不同视角和抓手，协同发挥担当人才管理功能和责任的主体安排。

更进一步，本书突破性地解析了"人力资本价值管理"的内在机理，基于原理上的认识论升级，导出机制上的实践论创新。如超越"无差别"的劳动价值属性，关注人力资本的"价值异质性"特征，导出了"优化人力资本结构性价值"的差异化机制创新；超越人力资源的"人－岗"配置逻辑，基于人力资本的流转价值逻辑，导出了"盘活人力资本流量性价值"的机制创新（见第三章、第四章）；超越人力资源的劳动报酬逻辑，基于人力资本的增值创造、风险担当和增值共享逻辑，导出了"激发人力资本创造性价值"的共享性、长效性机制创新（见第五章）；超越人力资源的控制性、消耗性管控逻辑，基于人力资本的可持续性，导出了"发展人力资本可持续性价值"的机制创新（见第六章）。

最后，本书还构建并遵循"数字人本主义"的内涵，就人力资源管理数字化的前沿发展趋势、升级推进方法（"效用－场景－路线三段论"）、关键主线（人力资源计量、分析与智能化）以及潜在风险防范等方面，进行了系统而前沿的解析，提供了一系列关键方法（见第七章、第八章）。

当然，企业的转型升级终究是复杂的系统工程，本书重点围绕着组织系统和人力资源机制的创新升级，提供了一系列原创性的思路和框架方法，它们在本人作为管理顾问的许多标杆企业的改革发展实践中，也都获得了应用并取得了较好的成效。但是，管理的思考和实践是无穷尽的、更是不断发展变化的，本书所构建和提供的这些牵引性思考和系统性方法，也仍然有待在更充分的实践中去持续检验、积累和创新再升级。本书作为一本系统性的指引之作，在此基础上，本人还有关于"事业合伙人制度"和"人力资源管理数字化升级"两部拙作将相继付梓，作为本书接续的系列化拓展。

理论之树常青，实践之果长鲜。恪守理论与实践结合、国际与国情并重、商业与人文交融的治学和教学原则，我们对企业的管理观察和研究，将伴随着中国企业的持续升级发展而不断走向深化。也期待着继续与中国企业家和实践者们一道，让来自中国的管理实践智慧和理论洞见，为全球的管理世界做出更大的贡献、增添更鲜亮的色彩。

2021 年 5 月于中国人民大学商学院　自为序

| 目　录 |

第一章　大变局时代中国企业的变革升级 ················· 1

企业组织生命力悖论 ····························· 2

与时代共生长、在变化中进化 ····················· 3

时代环境特征：大挑战蕴育大机会 ················· 5

做新时代的好企业：四个根本转变、五位一体系统变革 ····· 10

第二章　强健组织系统竞争力 ····················· 17

组织的本相：分工＋分层 ························ 18

组织的演进：协同系统、活性网络 ················· 20

组织系统竞争力：新机理、新框架 ················· 24

组织人才能力（人力）更新 ····················· 27

组织构架机制（制力）重构 ····················· 28

组织智能装备（智力）升级 ····················· 30

典型的新型组织形态 ·························· 32

1

第三章　人才战略与人力资本价值管理 ·················· 41

　人的管理主体：三位一体 ·················· 42

　人才战略纲要：系统设计与关键命题 ·················· 45

　人力资本价值管理 ·················· 56

第四章　人力资本管理模式差异化 ·················· 65

　人的管理模式：从控制到承诺 ·················· 66

　战略性匹配与权变 ·················· 68

　人力资本管理模式差异化：4-C 模型 ·················· 70

　差异化模式兼容创新 ·················· 76

第五章　激发人力资本创造性价值 ·················· 83

　人力资本创造力 ·················· 84

　驱动创新的基础性管理机制 ·················· 87

　共享共有：激发创造性人力资本的关键机制 ·················· 95

第六章　发展人力资本的可持续性 ·················· 111

关切人的可持续性：绿色管理 ·················· 112

工作 – 生活平衡管理 ·················· 116

提升组织管理的包容性 ·················· 123

第七章　人力资源数字化升级（上）：数字人本主义 ···· 135

迈入数字经济时代 ·················· 136

数字化纵深穿透 ·················· 138

管理升级新浪潮：人力资源管理数字化 ·················· 140

构建数字化的管理文明：数字人本主义 ·················· 142

数字化 + 人力资本的中国优势 ·················· 149

第八章　人力资源数字化升级（下）：关键方法论 ······ 153

嵌入系统变革、三段论推进 ·················· 154

人力资源计量与分析 ·················· 157

人力资源管理智能化：探索与潜在风险 ·················· 177

第一章
大变局时代中国企业的变革升级

"动荡时代最大危险不是动荡，而是延续过去的逻辑^①"，德鲁克曾指出的这个逻辑，在当今百年未有之大变局时代，历久弥新、恰如其分。新时代，呼唤新思维、强健新能力、驱动新作为。中国产业和企业正朝着创新驱动、高质量发展的战略性方向，不断步入转型突破、改革升级的深水区，这不仅需要更有力地释放企业家精神和改革发展魄力，还需要掌握切实有效的方法论和行动逻辑。

企业组织生命力悖论

企业，作为市场经济的基本主体，始终在时代环境的变迁与市场竞争之中，与不确定性和风险共舞，如履薄冰、战战兢兢地求生存、谋发展。通过长期跟踪研究全球企业的成长发展，我们发现了企业组织存续发展的"生命力"悖论：

一方面，组织的力量显然大于个人。个人无论再卓越优秀，其能够做出的成果成就终究有限，而被有效组织起来的平凡人也能成就非凡事。

但另一方面，作为在市场竞争中生发历练的企业组织，其生命力

① 德鲁克 . 动荡时代的管理（珍藏版）[M]. 姜文波，译 . 北京：机械工业出版社，2009.

却往往活不过个人。如杰弗里·韦斯特（Geoffrey West）在其《规模》一书中所述[①]，"在 1955 年的《财富》500 强公司榜单中，只有 61 家公司在 2014 年依然在榜单上。这意味着 12% 的生存率，其他 88% 的公司因破产、被兼并或因表现不佳而跌落到榜单之外"，"一家公司能够延续存在 100 年的概率只有 0.0045%，而延续 200 年的概率仅为十亿分之一"。更完整的研究数据显示，标准普尔 500 成分企业自 1925 年至今，已有 80% 多的成分企业消失；世界《财富》500 强企业的平均寿命其实只有 40–42 年，1000 强的平均寿命只有 30 年左右，只有 2% 能存活达 50 年。中国企业家协会从 2002 年开始发布中国企业的 500 强榜单，先后有 1600 家左右的企业曾经上榜，但至今大致有 2/3 的企业已经没有在榜单中出现了。

可见，企业的兴衰更迭、存亡代谢本就是常态，所有的"活下去"都是九死一生，而所谓"永续经营""基业长青"实质上是一个小概率事件。正所谓"没有成功的企业，只有时代的企业"，企业始终处于社会经济环境持续而剧烈的变化之中，适应变化者生存、变革创新者常青、持续奋斗者长盛。顺势而为、因时而变，是企业得以生存和持续发展的根本法则。

与时代共生长、在变化中进化

时代就是最大的场景、环境就是最大的条件。在时代与环境的变

[①] 杰弗里·韦斯特. 规模：复杂世界的简单法则 [M]. 张培，译. 北京：中信出版社，2018：413-414.

化中实现自身的进化，物种才能穿越周期求得存续。企业作为一种组织系统，也越来越类似于有机的生命体。企业的进化，在基本原理层面近乎也符合生物物种本身的进化规律。

在生物世界里，有两个都很著名的进化理论。一个叫"拉马克进化论"，它的核心观点强调两个方面：用进废退与获得性遗传。拉马克以长颈鹿举例。长颈鹿脖子为什么会长得很长呢？因为它要不停地去够树上的树叶，随着够树叶的运动越来越多，脖颈的器官越来越发达，这个器官功能会变成一种获得性的性状而遗传下去；相反，经常不用的器官功能可能就会退化。

发展并颠覆了以上拉马克进化论的另一个理论，就是更为人们所熟知的"达尔文进化论"了。其核心观点概括而言也是两点：其一，物竞天择、适者生存、自然选择；其二，进化来自变异，正是因为发生了具有显著差异性、离散性的变异，才产生了进化和新物种。达尔文为了挑战拉马克，也用长颈鹿举例子。他认为长颈鹿脖子变长，并不是因为用进废退，而是因为长颈鹿的祖先本来就有长脖子和短脖子之分，但是长脖子方便够到树叶而活了下来，短脖子的则没能生存下来，这是物竞天择、自然选择的结果。后来基因学说和相关实证证据，更多地支持了达尔文的观点。当然，物种进化依然是人类在持续探索的复杂课题，尚无绝对定论。

但是不管是怎样的理论逻辑，至少在进化论里都有一个共性的认识：进化发生于物种与环境条件之间的相互作用，是一个跟环境之间适应、磨合、代谢和变异的过程，关键在于——因变异、而进化。具备更强适应性、生命力甚至颠覆性力量的新物种出现，无论其生成方式是有预期地孕育，还是概率性地涌现、抑或非预期地突变，都必然是对既有物种发生本质性的变异。

照应到企业发展中，如果只是保持类似拉马克所言的获得性遗传，只是去保有和传承企业一直以来已具备的所谓核心能力、竞争优势，那当环境改变时，这些过往的成功经验和优势禀赋往往成为企业实现变异进化最顽固的阻碍。过去的经验越成功、能力禀赋越优越，它们就越可能成为企业穿越周期时最凶狠的杀手。探索发展阶段，失败是成功之母；转型变革周期，成功是失败之母。在环境变化中，企业一旦不能变异更新地进化出新物种、新动能，就无法面向未来而生。

时代环境特征：大挑战蕴育大机会

当前的时代环境特征，如下图 1-1 所示，我们梳理概括为如下的三个基本方面（3"I"特征），并更加深入地把握其典型取向。

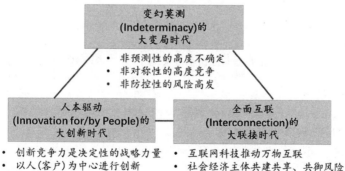

图1-1　时代环境的显著特征

首先，这是一个变幻莫测（Indeterminacy）的大变局时代。人们喜欢用VUCA①来描述环境剧变化、高度不确定性的特点，但实际上"变幻莫测"意味着情境变化的未可知性（context of unknowability），是比VUCA更高的不确定性、更加充满非可预期的挑战和风险。深入而言，当前环境挑战性的这一方面更突出地体现出"三非三高"的具体特点：

非预测性的高度不确定。市场机制本就是"看不见的手"，今天高度不确定性的环境更加不可预测。宏观层面大一统的计划经济已被历史实践淘汰，企业组织层面的"计划经济"也面临挑战。一直强调预测性、计划性和控制论的管理学逻辑，总希望以某种确定性的计划、组织安排来对抗不确定性，基本上不再适用。计划赶不上变化、预测看不透莫测。而且，计划目标设得越精确、组织规制建得越严密，往往越成为阻碍和捆束企业敏捷应变、创新发展的枷锁。

不确定性无法规避，环境变化不可预测，企业必须学会与不确定性共舞、开放敏感地拥抱变化；战略方向大致正确、组织必须充满活力；不能因为看见所以相信、方才行动，而是因为相信，所以行动，从而看见；要求企业能够穿透短期的纷杂信号，能够把握长期的规律趋势，以基于长期大势、追求长期价值的定力，加上组织的持续活力，来对

---

① 20世纪90年代开始，美军最早提出"VUCA"的概念来描述冷战后越发不稳定、复杂、风险高发和多边多元的世界。2000年以来，人们开始以"VUCA"来更广泛地描述整个世界政治、经济环境的动态性（Volatile）、不确定性（Uncertain）、复杂性（Complex）和模糊性（Ambiguous）。"动态性"意味着变化越来越快、无处不在；"不确定性"意味着环境和事物的发展越来越难以预测，线性计划逻辑越发难以奏效；"复杂性"意味着影响事物发展的变量越来越多，各种变量之间的相互影响关系日趋复杂；"模糊性"意味着信息的不完全性、分析的不完备性，难以用明确的因果逻辑来分析判断事物的发展变化。

冲和溶解短期各种具体的不确定性。

非对称性的高度竞争。市场经济本身就意味着竞争，越是有效率的市场经济，越伴随着高度的竞争。之前的市场竞争往往都会在行业范畴内，逐步形成具有一定集中度的对称性竞争，即行业会形成若干头部企业盘踞行业上位、形成行业格局，头部企业之间彼此盯防、你来我往、见招拆招，在经营管理的各个方面进行对应性的竞争。

然而，今天的高度竞争，越发呈现出"非对称性"的特点。无论是从行业内，甚至是从行业外，越来越可能衍生出与行业原来技术结构、经营逻辑等完全不同的新物种，它们不需要建立与原来行业企业类似的能力结构和竞争模式，只是基于自身的技术和能力禀赋、形成局部的独特优势，便可能跨界过来"打劫"，只需切中、侵入行业的某个关键生态位，便可能对原行业企业"一剑封喉"，甚至颠覆原来看似稳定的行业格局。

直接的对称性竞争，已十分激烈；潜在的非对称性竞争，也锋芒难挡。企业仅具备某种专长形成所谓核心能力，已不再足够，必须具备"均好"的系统性能力优势，去赢得对称性竞争，也没有短板暴露给非对称性攻击。有优势基础的企业，也绝不能仅仅守城，必须主动通过探索新赛道、拓展新场景、延伸产业链等方式，进一步构建产业生态优势。成为生态系统，则具有更大的张力和包容力，去涌现、对接或融合多样性的物种。

非防控性的风险高发。"风险"是"不确定性"的孪生兄弟，经济学家通常将"风险"定义为可预测的不确定性，进而使风险可以概率化地计量测算。风险管理的手段也一直在关注如何防控、管控风险。

但是在大变局的今天，黑天鹅、灰犀牛、蝴蝶效应等各类风险高发，尤其是越来越多的黑天鹅风险其实是难以预计预防的。这便要求企业防得住的就要能防住、防不住的就要能扛得住。企业不仅需要保持危机感、具备更敏感的风险意识，具备预防和管控风险的专门能力，更要求企业的整个组织系统本身具备强健的韧性和免疫力，在遭受不可预防的风险冲击时，确保企业有能力、有余力可以扛得住，能够在黑天鹅的翅膀下活下来，进而有周转调整的空间与时间劫后重生、焕发新生。

虽然环境的变幻莫测带来如此挑战，但辩证运转的世界永远在挑战之中蕴育机会、变局之中涵养新局。对冲变幻莫测、风险高发的环境挑战，人类也拥有着两种巨大的力量：创新与联接。

这更是一个人本驱动的大创新（Innovation for/by People）时代。实际上，创新就是不确定性的孪生兄弟，正是因为充满不确定性，才广泛蕴育和释放着更加鲜活的创新动能。科技创新与制度创新，已经成为推动社会经济各方面升级发展的最关键力量，也是国家、产业和企业竞争力的最重要承载。

更进一步，当前创新竞争力的构建和实现，也体现出一些更显著的趋向和要求，即以人为中心（对企业而言是以客户为中心）去创新、由人力资本作为驱动力去创新创造。

对企业而言，客户是企业存在的理由，客户的真实需求和价值实现，是企业进行创新创造的根本目的和出发点。作为市场经济的主体，企业以客户为中心，为满足客户价值进行创新和转化，本就是企业的角色定位。区别于科研机构，企业在创新上的客户导向应优先于科技导向，更要着力于实现创新商业价值、产业价值和社会价值的系统转化，最终满足各类客户（to C/To B/to G）的价值需求。客户不仅是企业创新的目的靶向，实际上也越来越成为企业创新发展更广泛的参与者。一项研究发现，在 20 世纪产生了重大商业影响的创新中，有 4/5 的创新来自客户的洞察和建议。

与客户中心紧密相伴的，是人力资本创新创造主导权的不断上升。人才是第一资源、人力资本是第一资本。客户是企业创新的目的靶向，人力资本则是创新创造的第一驱动力。人力资本作为知识、科技、创新创造和企业家精神的承载主体，越来越成为企业最宝贵的资产，成为企业创新和持续竞争优势的根本支撑。尤其在信息化、网络化的时代，知识边界被打破，信息传播的迅捷化、对称化效率极大提高，信息获得成本极大降低，这意味着知识的平权化、"创新创造权"的大众化，这意味每个人都可能是创新创造的源泉与起点。以人为中心并激发激活更广泛的人进行创新创造，这是人本驱动的大创新时代。

最后，这也是一个全面互联（Interconnection）的大联接时代。这不仅是因互联网的科技力量，在推动人类进入万物互联的历史阶段；尤其在剧烈变化、风险高发的环境下，社会经济发展本身也要求人们建立更广泛、深入的联接协作，共建共享、共担责任、共御风险。要素与要素之间、人与人、人与组织、组织与组织之间的联接越来越广泛化（广度）、纵深化（深度）与迅捷化（速度），让人们不断走向经济的、社会的、命运的共同体。

做新时代的好企业：四个根本转变、五位一体系统变革

变幻莫测的大变局时代、人本驱动的大创新时代以及全面互联的大联接时代，这些显著的时代趋势和环境特征，对企业的转型突破和升级发展，带来了更多的新挑战、提出了更高的新要求，当然也孕育着更大的新机会。关键在于企业自身能够把握趋势、拥抱变化，有洞察、有方法、有行动地推动自身的突破更新和变革升级，始终做时代的企业。

尤其对我国企业而言，在我国产业结构深化调整、经济变速换挡、新旧动能转化升级的关键时期，企业更需要以干事创业敢担当的坚定决心，全面追求和践行"高质量发展"的战略性导向。这是我国企业实现"体质"根本性升级、穿越周期的大考、更是大道。这意味着我国企业亟待切实做到如下四个方面的根本性转变：

其一，从过去粗放式的规模性增长，走向内涵性的高质量发展。这里的"高质量"既要求扎实打造产品服务的高品质，也包括配套化构建企业组织机制、科技创新含量、资源配置、人才素质能效等各方面的高质量提升，是系统性的"高质量"。

其二，从机会主义，走向能力本位。善于把握机会而不陷入机会主义。打破风口追逐，摆脱赛道红利的过度依赖。风停了还在稳健飞行的、潮退了还在向前奔游的，才是具备硬本领和真能力的企业。很多时候，高速发展的赛道、显著上行增长的周期，往往会掩盖问题，

而当行业开始转折调整、赛道红利开始消退之时，企业真实能力的水准也便水落石出。如果没有真实能力，市场馈赠的礼物终究也会还回去。我国企业在走向高质量发展的路上，必须全面夯实和强化企业自身的能力优势。追逐机会红利往往是一时的，能力优势红利才是可持续的。

其三，从资源驱动，走向创新驱动。我国企业也必须跨越一直以来习惯的资源依赖，靠资源的低效性消耗、人力资源的强压性工作、环境资源的不可逆破坏等，来实现大干快上地高速发展。但这种由低效能、高消耗的资源滥用来支撑的发展，显然是不可持续的。针对人力资源而言，在企业竞争力升级要求、人口和劳动力供给结构根本性转变的趋势下，我国企业长期所依赖的低劳动力成本比较优势，已再难为继。在过去我国经济连续十余年实现两位数高速增长的同时，我国企业的人工成本也保持着两位数的增长，人工成本增速显著高于发达国家，然而我国在人力资本投资、劳动生产率以及人力资本贡献率等方面，在全球范围内仍处于相对低位的水平。尤其在创新成为国家、产业和企业升级发展最关键动力的趋势要求下，如何摆脱低劳动力成本依赖，激活焕发人力资本的效能与创新红利，成为我国企业必须突破的方面。

其四，从追求短期回报，走向创造长期价值。处于高度动态的环境之中，以短跑的爆发力、追求短期回报的逻辑，本身难以为继。我国企业亟待强化长跑的韧性、耐力和长周期的战略战术能力。以长期化的战略定力、创造长期价值，是对冲短期环境振荡、穿透短期风险的良方。践行长期主义，也是支撑我国企业实现高质量发展、创新驱动的重要保证。高质量和关键创新的实现，不可能一蹴而就，需要有探索容错、长期积累、量变到质变的长期过程。

更完整地看，长期主义意味着绝不因追求短期业绩而牺牲品质要求，绝不因贪于短期利益而伤害长期价值。意味着企业始终保持危机感和底线思维，不断提高组织抗风险的韧性和能力，不因一时一地的挫折或失败而气馁，及时纠错，在挑战和挫折中反思成长。意味着企业在经营的基本面、业务的基本盘、管理的基本功上久久为功，根基越深厚、基础越扎实、发展越长久。还意味着企业始终不忘初心、牢记使命，既长期坚持和传承企业最根本的优秀基因，又始终保持创业拼搏的激情、艰苦奋斗的作风，追求事业的长久传承发展。

以上四个根本转变是我国企业需要转型突破的导向，还需要有系统方法论。在辅导协同若干标杆企业转型变革的长期过程中，我们总结出"五位一体"系统性转型升级的方法论框架。如下图1-2所示：

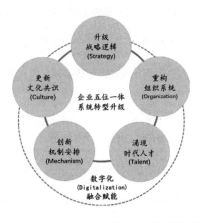

图1-2　企业五位一体转型升级系统框架

要做时代的好企业：

就要升级时代的战略（Strategy），推动事业业务逻辑与时俱进地发展。企业的战略系统始终要匹配内外部的环境变化，引领企业的事业方向与业务目标、关键举措与路径选择。战略导向全面统领、战略目标一以贯之，以形成企业在组织资源与行动上的矢量合力和整体竞争力。在高度不确定性的环境场景下，战略的统合引领比以往任何一个时期都变得更加重要，战略上的失焦和发散必将导致企业竞争力的涣散，绝不能在非战略机会点上消耗战略性力量；必须不断强化战略的统合力量，打造企业一体化的竞争优势。

就要更新时代的文化（Culture），更新企业的文化价值观，凝聚新共识、指引新作为。企业的文化系统为组织提供价值观与行为上的准则，引领组织成员的思、言、行符合企业的价值取向和精神气质，形成共同的组织人格。战略提供经营理性的力度和方向的准度，文化则带来组织人文的温度和信任的浓度；战略方向与文化取向，两者协同化引领、一体化贯通，共同塑造起企业成熟的心智力量。

就要重构时代的组织（Organization），推动组织系统的变革发展，强健符合战略和价值观要求的组织新能力。企业的组织系统是企业运行发展的结构性载体，组织支撑战略、结构支持业务；组织机体的健康、组织能力的发展，是保证战略目标达成、价值取向落实的基础性保障。无论企业拥有多么明智的战略头脑与文化心智，也会因笨拙、惰怠、缺乏活力的组织机体而懈怠消耗、一事无成。企业的战略转型和文化升级，也必然要求组织的变革重构与配套支撑；意志聚焦坚定、能力强健、形体健康、充满活力，效率与效益持续提升的组织，本身也就是企业竞争力的重要构成。

就要创新时代的机制（Mechanism），特别是在企业的动力机制上进行突破创新，激发组织的广泛活力和生产力。机制是组织体系中对经营目标达成、管理效率提升和组织生产力释放发挥关键动力作用的制度性安排，包括但不限于企业治理与经营的决策权责机制设计，价值协同创造、绩效牵引评价、分配共享激励机制等配套建设。如果战略是方向引领、文化是价值观导向、组织是机体结构，那机制就是保证组织机体始终有能力、有动力、有活力的关键制度抓手。机制创新与技术创新同样重要，是解放和激发生产力的关键制度安排。

就要涌现时代的人才（Talent），让代表先进生产力的一批批优秀人才，汇聚、涌现、发展和充分施展，事在人为、因人兴事。如哲学家康德所言，人是目的、不是手段。企业变革升级发展的源动力始于人，根本目的也归于人的成长和价值实现。人的主线贯穿始终，基于战略和事业的要求吸引配置人，基于文化取向的要求塑造凝聚人，通过组织平台的搭建与重构为人提供舞台与机会，通过机制创新发展人、激发人，最终通过事业的持续成功来实现组织与人的共同发展和共同成就。

以上"战略－文化－组织－机制－人"五位一体，相辅相成、相向而行、配套规划路线图循序推进，指引企业进行系统性的变革升级。有五位一体的系统框架指引，则有利于避免企业在推进变革转型时因缺少系统性思考和配套性的行动路径，而发散化地头疼医头、脚痛医脚，碎片化地消耗力量与资源，最终让变革难以获得完整的成效。

在五位一体系统规划、推进变革升级的基础上，企业还必须要拥抱时代的科技，配套推动数字化（Digitalization）转型升级。科技是第一生产力、也是第一免疫力。以移动互联网、大数据、云计算、人工智能等为代表的新兴科技力量，正在广泛而深刻地改变着经济产业、社会治理与人们日常生活工作的各个方面。拥抱时代的新兴科技，推动企业的数字化升级，已是大势所趋的必然之举。而且，数字化升级并非孤立性的专项工作，而是让数字化的力量嵌入、赋能于企业"战略－文化－组织－机制－人"五位一体系统变革的各个方面，这样系统性变革才能和先进的数字科技充分配套融合，支撑企业实现全面的高质量发展。

在接下来的章节中，本书则将结合企业战略升级、企业文化共识建设等顶层导向，重点就企业组织系统变革、企业人才机制创新以及数字化融合升级等主要方面深入展开，以期能够为助力中国企业在新时代进行全面转型升级和高质量发展，提供相应的指引和方法论。

第二章
强健组织系统竞争力

组织系统为企业战略意图、经营管理主张的成功行动实施，提供能力性、结构性和制度性的保障。在相对明朗的环境和趋势下，所谓战略决定组织、组织支持战略，当战略方向既定后，企业的组织机能就成为决定性因素。然而，在高度不确定性、风险高发的环境下，企业战略规划的柔性越来越高，进而组织系统的能力强度、韧性和活性就变得更加重要。甚至战略可以是模糊的、方向大致正确即可，但组织必须充满广泛的活力和创造性，从而可能得以在复杂和动态环境中去激发企业的战略升级、去蕴育生发出企业的新动能。

组织的本相：分工＋分层

"组"和"织"二字原初的含义，最早在我国古典文献中有所记述。如我国《诗·邶风》中提到"有力如虎，执辔如组"，"组"这个字是由"纟"和"且"组合起来，前者指丝绳，后者意为加力、使劲；两者结合起来表示"用力编织的绶带"，用来驾驭车辆。《尔雅》中提到"治丝曰织。织（織），绘也"，"織"同"戠"，也被应用在军事中指军队排列成方阵进行操练的意思。后来《辽史·食货志上》提到"饬国人树桑麻，习组织"，"组织"二字成为词汇，指编织经纬、将桑麻编制成布帛。

可见，组织最早的含义无论是来自丝布编织、还是军事阵型，核心在于将无序要素有序化，有横有纵地形成某种结构化的安排和形态。实际上，近代企业组织的理论逻辑也依然如此，"分工"和"分层"这两个底层逻辑构成了组织作为一种传统"结构体"的本相。

分工——亚当·斯密（Adam Smith）提出劳动分工理论以来，社会产业分工、企业分工以及职业工作分工不断深化细化。组织当中各个条线部门单元的设置，是企业经营管理职能不断专业化分工的结果。毫无疑问，专业人做专门事、实现更高的生产率，专业分工带来了根本性的专业效能优势。企业组织的各个功能条线部门，伴随着各自专业职能实践和理论的发展，也不断地形成各自成熟发展的专业方法论。企业组织按照专业职能划定设置的部门条线结构也成为普遍性安排。

分层——是组织形态的另一个根本逻辑，即通过设置组织的层级结构，让组织权威中心的意图和目标，可以通过组织层级化的权责安排去传导指令、分解要求、协调实施。马克斯·韦伯（Max Weber）也已经论述过组织的科层制在发挥权威指令效率上的优势[①]。科层结构相当于为组织领导者设置了垂直穿透的组织指挥杠杆，在领导者的决策始终正确且指令信息不会走样传递的逻辑前提下，科层制带来的

---

① 其实早于马克斯·韦伯对科层制组织功效的论述，我国《孙子兵法·势篇》里便提出"凡治众如治寡，分数是也""斗众如斗寡"等思想和方法。如李贽注："分，谓编裨卒伍之分；数，谓十百千万之数各有统制，而大将总其纲领"，是大将只需要明确其总体战略方向，并指挥好下一层级的少数将士，然后这一层级的将士再指挥好下一层级的士兵，这样逐层建立好垂直的指挥系统，指挥管理好很少的人就能传导管理好众多的人。

集中指挥效率也是非常高的。因此组织层级结构的设置也是一种普遍性的安排。

以上分工＋分层，这两个底层逻辑的结合，构成了人类组织作为一种结构体的基本形态，它们也一直发挥着基础性的作用：通过设置专业功能部门发挥专业单元效能，通过设置权责层次结构发挥垂直指挥效能。一直以来，企业组织也是通过这种确定化的结构性安排，来对抗环境的不确定性。

然而，组织这两个底层逻辑带来巨大的基础性功效（专业效能＋指挥效能）的同时，也会带来一些内在的局限。尤其在当今及未来高度动态的环境中，越是严整稳定的结构性安排，越难以适应环境的快速变化，组织意图和信息的传递效率被条块分割的各种边界所阻碍和扭曲，所谓大企业病、官僚化、指挥难落地、部门墙林立、组织缺失协同等现象，根源上都是因组织由"分工＋分层"成为一种强结构体而产生的必然结果。

正所谓有分工就有边界、有结构就有壁垒、有角色就有领地、有层次就有压抑、有控制就有板结，横向边界和垂直边界丛生的组织结构，随着规模不断扩大，就必然显现出反应钝化、结构僵化、权责固化、节奏惰化、系统熵化等组织病。

组织的演进：协同系统、活性网络

随着现代工业化大生产的快速发展，企业随着规模不断扩大，企业组织结构也日益严整和庞杂，分工与分层带来的大企业病、大组织病也难以逃避。几乎所有标杆企业组织变革的经典案例，其不同具体变革手段的背后，本质目的都是要打破结构性的边界壁垒、克服大企业病，让组织始终保持系统协同活性、活力和创造力。

实际上，在英文单词中，"Organization"（组织）的词根"Organ"本就是生命体的"器官""有机"的相关含义，器官即是由不同的细胞组织构成的结构，用来完成某些特定功能，并与其他分担共同功能的器官一起组成各个系统。类比而言，有生命力的组织应该是一个有机化的系统，而不是一套机械化的结构。

管理学家巴纳德（Chester Irving Barnard）曾看到了组织分工、分层所带来的结构性边界局限，提出组织是有意识地协调两个以上个人活动和力量的体系，并特别强调了经理人的职能不再是从事分工的专业工作，而在于通过建设目标体系、文化沟通体系等方式，使组织成为一种协作系统，实现组织的系统性协同。通过实现组织协同，发挥出本质上大于专业能力简单叠加的系统性效能，才是组织存在的根本意义。管理系统论的代表性学者弗里蒙特·卡斯特（Fremont E. Kast）就将组织定义为一个与环境相互影响、相互作用的开放系统（组织也是环境大系统中的子系统）；组织是由相互依存的众多要素与子系统所组成的有机整体：由目标与价值分系统、技术分系统、社会心理分系统、组织结构分系统和管理分系统这五个分系统，相互独立且相互作用而构成。

经济学家科斯（Ronald H. Coase）基于创建的交易成本理论，曾指出"企业组织是无意识的市场海洋中有意识的岛屿"，企业组织的边界由边际交易成本决定。

企业组织之所以存在，就是因为通过组织有意识的指挥协调力量来配置资源时，它比单元主体之间通过市场交易购买来配置资源的成本更低、效率更高，那么组织指挥协调的力量就会更多发挥，组织的规模边界就会不断扩大。当组织规模不断扩大，而使指挥协调配置资源的效率降低、成本更高时，组织就不再扩展，资源配置就交由外部市场去进行交易购买配置，而无须通过设立组织增加结构和功能设立来配置。简单一些说，组织通过发展内部结构和指挥协调机制来自己做（Make），还是通过外部市场购买外包给市场供给者做（Buy），取决于哪种方式的成本更低。或者说，组织的规模边界到底能生长到多大，就取决于组织结构的"指挥协调成本"与外部市场购买的"市场交易成本"两者之间的竞赛。

更进一步，经济学家威廉姆森（John Williamson）在科斯"组织－市场"二元划分探讨的基础上，又指出介于这两者之间还有一种形态，即网络（Network），它被认为是传统结构化组织和分散化市场之间的一种混合形态，后来社会学的学者们从社会关系网络的角度又做了很多理论上的发展。我们认为，这种组织的网络化，其实就是在分工与分层之间，开始越来越强调"分布"。分布式的网络组织，既具有一定的正式化、扁平化的结构和规则安排，主体之间又可以通过市场机制、信任机制以及社会关系等多种方式进行交互和资源配置，能够更灵活地、混合式地综合发挥各种互动机制来寻求网络组织运行的成本效率最优，并能够以更具活力的网络机能更加敏捷地适应环境的变化。

其实，分布式的网络化组织，就是当前在高度动态环境下组织变革发展的重要趋势。在近年来有关组织发展的新兴概念语汇中，诸如无边界组织、敏捷组织、混序组织、柔性组织、合弄组织、有机组织、平台组织、网络组织、生态组织等，这些纷繁概念的本质，一言以蔽之，其实都是在不约而同地强调：先进性的组织开始从结构化的机械体，走向活性化的网络体。

至此，如下表 2-1 所示，经济组织的基本形态从早期手工经济时代的"小作坊"，发展成为工业经济时代的"大组织"，并进一步开始打破大组织的科层结构，在网络经济时代进一步向着"活网络"演进。

表2-1 组织形态的基本演进趋势

	手工化小生产阶段	机械化大生产阶段	网络化大生产阶段
组织演进	小作坊 ➡	大组织 ➡	活网络
环境与组织特征	● 萌芽性环境 ● 自雇自营 ● 小本小产 ● 手艺驱动	● 预期性环境 ● 工业化线性 ● 分工分层 ● 委托代理 ● 重资重产 ● 资本驱动 ● 规模化、标准化	● 动态性环境 ● 网状化活性 ● 分布联动 ● 合伙共创 ● 众资众产 ● 创新驱动 ● 联接化、生态化

尤其是在组织从科层化的结构性安排，向着分布化的活性网络发展演进的过程中，组织的一些运行逻辑在发生显著的变化：组织开始从一种机械化的结构体，走向有机化的生命体；从专业化分工，走向无边界协同；从自上而下的指令穿透和系统控制，走向自下而上的创新涌现和广泛激发；从严密设定的流程链，走向灵活交互的信任链；从资源权责的单元封装性，走向全面开源的生态开放性。

组织系统竞争力：新机理、新框架

组织机能的强健程度和系统竞争力，对企业的生死兴衰有着决定性的影响。杨国安曾提出了有关并组织能力的简单公式 [①]：战略方向 × 组织能力 = 企业成功。所谓战略方向明确正确、组织能力能够有效支撑实施，企业就可能获得成功。

但是，在当前新的环境要求下，这个传统公式已经不足以体现组织能力生效的完整机理。比如，战略方向的厘清和设定，并不必然是组织能力的一个前摄因素。特别在高度动态的环境下，企业战略的制定，开始需要激发调动更贴近市场和客户的一线广泛主体，把握更真实信息、共创更适切的战略。也就是说，战略制定本身并不只是依靠少数决策精英，而开始更多依靠组织化的能力。再比如，能力本身只是一种静态的禀赋，即使一个组织本身能力是强健的，但是如果组织缺少动力和活性，能力禀赋也难转化为生产力。可见，以上传统的简单公式已经有很多局限。

我们基于对企业组织运行规律的长期研究和实践观察，创建提出了一个关于"组织系统能力（Organizational Systematic Capability）"建设的新机理，即组织系统能力的"周算法"（Zhou's Formula）：

---

① 杨国安. 组织能力的"杨三角"——企业持续成功的秘诀 [M]. 北京: 机械工业出版社, 2010.

组织系统能力
(Organizational Systematic Capability)

矢量方向× 组织能力 X 组织动力 X 组织算力= 成功胜利 ***p*
（战略方向、文化导向）　（人才效能）　　（机制动能）　　（装备智能）

　　首先，组织系统需要有聚力发力的矢量方向。组织的矢量方向系统，由战略方向和文化价值观导向这两个上层建筑构成。组织支持战略、能力匹配业务，企业的战略与业务经营逻辑对组织系统能力提出关键需求。组织系统还须要有效承载和传导组织的文化价值观，有着共识共守的使命、愿景和价值观，一个组织系统才形成共同的组织品格。在事业战略方向上同路、在文化价值观导向上同心，组织才成为事业和精神的共同体。

　　其次，有竞争力的组织不仅方向把握正确、精神凝聚力强，还必然需要有扎实高水平的组织能力。组织本就是由人构成的结构系统，为了分析和实际管理操作的方便，我们相对聚焦地将组织的基本面能力锚定在人的能力上，人才队伍的能力水平（组织人力）可以看作是组织基本面能力的直接载体。

　　再则，如前文所述，有竞争力的组织不仅需要有高水平的能力禀赋，还需要有强健活性的动力。组织的能力禀赋可以主要通过组织中人的能力来体现和承载，那么组织的动力则主要是靠组织体制机制的设计来激发激活。组织动力主要靠组织的制度安排（组织制力）来激发实现。

　　最后，组织的装备力也是组织系统能力的重要构成。类比两军对垒，假设双方将士实力相当、同时也都动力十足士气高昂，但一方装备落后，一方装备先进，显然后者因装备力量的优势而胜算更大。尤其在当前大数据、智能化等新兴科技快速发展的时代，组织的装备力量不仅涉及组织掌握基础性经营资源的充实水平，最具先进性的装备力则是组织在数字化升级方面的智能化水平，即智能化的组织算力（组织智力）。

在以上新的"周算法"公式中，组织系统能力就是由矢量方向、组织能力、动力和算力共同配套建设，而形成的一种系统性能力。这四个基本方面相向而行、配套建设，不仅有利于组织运行机能更完整地建设升级，而且有利于形成竞争对手真正难以模仿的组织竞争优势。基于以上组织系统能力的新内涵和构成机理，我们进一步深入解析组织能力、动力和算力这些基本维度内在的关键抓手，进而构建了如下图 2-1 所示的"P-I-I"系统框架，为企业系统设计和有序推进组织系统的全面变革升级，提供完整的构造全景图和建设路线图。

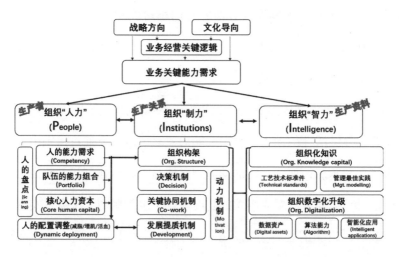

图2-1 组织系统能力变革升级的"P-I-I"框架全景

在企业战略方向与文化价值观导向的顶层牵引下，梳理业务经营升级发展的主要逻辑，解码导出业务能力的关键需求。接下来则是以支撑业务经营要求为指向，通过组织系统能力的三大主轴（组织的"人力效能""制度动能"和"装备智能"），来设计组织变革发展的关键抓手和路线。

组织人才能力（人力）更新

从组织"人力（人才队伍能力）"的维度上去提升优化组织能力，主要涉及五个关键抓手：

其一，基于业务发展要求导出对人才的能力需求。在规划人的能力需求时，应强化业务导向，能力需求项应更紧密地锚定在业务升级的关键领域，而非仅构建一般意义上围绕通用性能力的素质模型。

其二，规划人才队伍之间的能力组合逻辑，在人才的梯队能级结构和基于业务链协同建设的专业能力结构上，进行整体性的队伍能力拼图规划，注重分层分类人才能力的配套建设。

其三，通过人才盘点，掌握当前组织人才队伍量、质、结构、配置和效能等方面的现状，将现状与以上两个步骤得出的（基于业务重点领域的）人才整体需求和能力组合配置需求进行对表，导出组织的核心人才需求。

其四，对经营管理和专业技术领域的核心人才进行重点规划，包涵对已有核心人才的发展任用规划、对所需核心人才的引进规划、对未来核心人才的培养和梯队建设规划等。

其五，综合以上四个步骤的分析，导出企业在人才配置使用上的关键策略。对不再符合业务升级发展逻辑要求的人员或低效冗余人员，可以进行必要的技能转化或工作转化助推、也可以依法依规进行裁减精简（减脂）；对于所需的重点人才大力展开引进和培养，让支撑业务升级发展所需的关键队伍能力更加厚实（增肌）；充分开放组织的人才生态，通过内部人才市场、竞聘竞优、揭榜举手、自发涌现等多种方式，盘活内部人才资源的动态配置，打破束缚人才优化流动配置的组织边界和领地板结，让工作能适时匹配上最合适的人，让人才能适时找到更有利于自身施展发挥的工作，让人和组织保持活力活性状态（活血）。

组织构架机制（制力）重构

从组织"制力（结构与机制安排）"的维度上去提升优化组织能力，也主要涉及五个关键抓手：

其一，结构支撑功能，基于业务升级发展的逻辑和能力需求，适配调整组织构架是组织系统变革的重要内容。业务战略战术打法的改变，必然需要配套升级组织的阵型。如前文所述，在当前环境高度变化，业务创新能力要求越来越高的背景下，传统由分工、分层所形成的科层化、边界化的组织构架，需要向着具有更高敏捷性、协同性和集约共享性的组织构架转变，我们将在后文"新型组织形态"部分对诸如前中后台等新型组织构架进行分析。

其二，结合以上对经营管理、专业技术核心人才的调整配置，更新升级组织的决策机制，既包括对组织经营管理团队（如 EMT）的决策机制，也包括通过专业性决议平台（如专业性决策委员会等）建设更新专业技术性的决策机制。

其三，组织构架搭建骨架，组织能够有效运转、运作起来还需要有通畅的经络，即组织的协同运作机制。决策的高质量实施同样也需要组织协同运作机制的保证。通过组织关键协同运作机制的设计，使组织具备健康有力的运动机能。构架是静态的结构安排，协同运作机制是动态的机能设计，组织协同运作机制的设计当然须配套于组织构架，如让前中后台的组织构架真正生效，关键在于打通和建立起前中后台之间拉动、驱动等协同运作机制。

其四，优化组织的发展提质机制，支撑企业高质量发展的导向要求。组织发展提质机制的建设，主要可从两个方面进行操作：一是以产品服务为主线，以客户为中心，构建和强化针对产品服务的质量管理与升级开发机制，产品质量与品质本身越来越成为企业竞争优势的基础性构成。二是以上文所述的人才为主线，构建实施体系化、长效化的人才队伍开发培养机制，持续提高各层各类人才的真实能力。产品服务主线的质量管理提升机制，人才主线的培养发展机制，共同构成了组织的发展提质机制。

其五，动力机制是组织各项机制中驱动和激发人们主动作为、积极创造绩效的制度安排，通常它由绩效评价与激励管理这两个核心功能共同组成。通过绩效考核与管理，带来目标牵引力和考核约束压力；通过整体薪酬等激励机制创新则带来推动力。目标牵引力、考核压力和激励推动力，共同构成了组织的动力。在组织系统变革过程中，基于企业战略方向和目标的设立，组织各层次的绩效目标、考核方式以及挂钩的激励机制，便须进行配套更新建设。

组织智能装备（智力）升级

从组织"智力（智能装备力）"的维度上去提升优化组织能力，则主要涉及两大方面的抓手：

一方面是组织注重进行知识管理，将在组织经营管理实践中形成的有效经验，进行知识化的加工、存储、积累和持续转化升级应用。注重将个人知识组织化、隐性知识显性化、外部知识内部化、组织知识共享化、知识检验行动化、行动经验反思化。

被持续积累起来的知识会成为组织的知识资产，而且有持续积累就可以实现量变到质变的突破。如果组织的经验和知识总是发散的，往往就会使组织在经营管理中重复交学费，是对组织知能极大的浪费。组织的知识管理，既包括对组织的科技、工艺等技术类知识进行持续开发、保护知识产权、建设技术工艺标准、积累升级和转化应用，也包括对企业在经营管理上的案例、有效经验等管理类知识进行适时的总结提炼，形成企业自身在经营管理上的最佳实践和方法工具，复制推广应用、持续迭代升级。

另一方面则是拥抱具有时代先进性的新兴科技，推动企业组织的数字化转型升级。关于组织与人力资源管理数字化升级的内容我们将在后文中具体展开。这里概括而言，组织的数字化升级与智能化武装包含三个基础维度，通过建设数据资产让组织"有数据"，通过建设和应用算法能力会"用数据"，以及开发应用"智能化"的功能或系统赋能组织升级发展。

组织应有意识地将信息转化为数字，界定数据标签、设计数据结构、进行数据存储、拉通数据系统，积累组织的数据资产。结合经营管理场景、问题和明确的提升目标，引入相应的数据算法，挖掘数据与数据之间的关系，基于数据的实证分析支撑，把握问题解决的关键思路、掌握内在管理规律，使管理动作更加精准有效。基于重要的业务经营和组织管理需要，匹配上文所述企业在组织构架和机制变革、在人才队伍优化发展等线下工作升级开展的基础，开发或引入相应的智能化的线上管理工具或系统，线下组织管理机制变革升级与线上智能化功能建设相辅相成、相向而行，通过双向匹配适应的数字孪生过程实现组织有效的数字化升级。

组织进行知识管理的基本功，与组织数字化升级的新能力，这两者共同构成了组织的智能力量，是当今企业组织系统升级变革中重要的方面。

如上图 2-1 及上文所述，企业在推动组织系统变革时，可以从组织人才队伍（人力）的调整、组织构架机制（制力）的改革，以及组织智能装备（智力）的升级，这三大主轴进行系统设计，每个主轴维度下又各自包含了五项（共计十五项）关键行动抓手，共同为企业推动组织变革升级提供了系统性的框架方法和行动抓手。我们构建的企业组织系统能力升级的这三大主轴，其实也正对应着马克思社会生产力发展的三大要素：生产者、生产关系、生产资料，不谋而合、相互呼应。

而且，企业在实际进行组织系统变革时，并非需要将三大主轴、十五项行动抓手完全同步推进，而可以结合企业组织自身的突出问题和资源禀赋，选择不同的主轴维度及行动抓手作为推进组织变革的突破口，并有选择地循序配套推进行动，形成企业自身定制化的组织系统变革路线图。比如，有的企业在推动组织变革时，可能以人才队伍、关键人力资本的调整做突破口，首先在于支撑业务的升级发展逻辑提升组织人员的能力，其次则是为了让有能之人充分涌现和施展，进一步调整组织构架、改革动力机制。有的企业，可能人员能力本身并不差，而主要在于通过构架阵型的调整和机制升级，来激发和盘活本就有着不错能力禀赋的人才资源，释放生产力。也可能有的企业以数字化转型为切入口，循序推动组织构架、机制以及人员能力的配套变革。总之，我们构建的组织系统能力建设三大主轴、十五项关键抓手，为企业进行组织变革升级提供了系统性的完整框架，在此基础上，不同企业则能够以不同的切入口、选择不同的关键抓手、规划不同的行动组合次序，从而形成各自具体的组织变革路径。

典型的新型组织形态

如上文所述，组织的构架形态是组织升级中必要的变革要项。科层制、直线职能制，甚至事业部、矩阵制等传统组织构架形态，已较难适应当今高度动态的竞争环境，组织的架构在持续朝着更加扁平、集约、平台化及网络化的方向发展，使组织从传统以权力为中心，回归走向以客户为中心，使组织具有更强的敏捷性、协同性、分布性和创新涌现性。在这些目的导向下，一些相对新型的组织构架被越来越多地实现，概括起来主要包含如下若干典型形态：

其一，"前－中－后台"构架。这是当前比较流行的一种组织构架形态，但是其核心逻辑在于打破以权力为中心的纵向科层边界、打破以专业做封装的横向边界，构建以客户为中心来驱动组织运行的构架模式。

如下图 2-2 所示，前－中－后台组织形态主要体现为"三段论"式的构架：精锐灵活的前端、精实能动的中台，以及集约协调的后台。

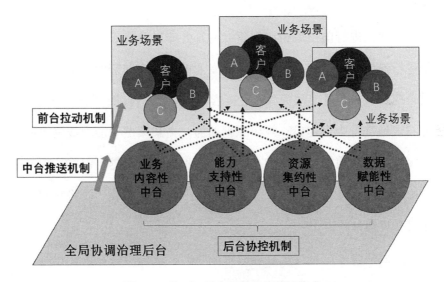

图2-2　前-中-后台组织构架关键构成

其中，前台是基于业务场景中客户的真实价值触点而设置的前线作战单元，通常由与客户具有直接、高频、紧密交互性的责任角色构成，形成以客户为中心、嵌入业务场景的精锐灵活团队，直接为客户在业务全链条、全周期上的消费和体验需求进行互动和负责。

中台是将组织的产品服务品类、专业功能（技术性、管理性）、关键业务资源等进行集约集中配置，所形成的赋能性平台单元。通常涉及"业务内容性中台"（如将产品服务品类、供应链等内容进行放置的中台）、"能力支持性中台"（如以专业技术标准化模块集合形成的技术性能力支持中台，以专业管理职能整合封装形成的管理性能力支持中台）、"资源集约性中台"（如将业务关键资源进行集约共享化形成的中台），以及"数据赋能性中台"（如将客户数据、业务数据等拉通，由统一系统平台进行算法处理赋能前台作业的数据中台）。

企业在进行前中后台组织建设时，并非需要将以上四类中台完整地进行设置，而应根据企业自身的专业能力浓度与资源统筹基础，并结合前台对专业能力和资源的直接依赖程度，进行综合分析，有选择、分布式地进行中台建设。规律原则即为：当某项专业能力或资源厚度禀赋较好、且前台对它们的直接依赖度不高时，则越可以将这项专业能力或资源设置为中台；反之则无须做中台化的封装，而将它们下沉于更靠近前台的方位。

后台则通常由将传统总部的管理职能，进一步精益偏平、整合集约，并重点发挥全局性的牵引、助推和协调功能，压阵后方来调控中台之间，尤其是中台与前台之间网络化的互动运行机制。

特别需要强调的是，前－中－后台组织构架能够被激活的关键，其实并不在前台、中台、后台组织单元本身的设置上，而在于结合业务经营逻辑对"前台拉动机制""中台赋能推送机制"以及"后台整体协控机制"这三大关键机制的建设。不同企业结合自身不同的业务经营逻辑，对这三大机制的建设重心也便不尽相同，有的可能以前台拉动为主线，有的则可能强调中台赋能推送，还有的可能在一定阶段先改造后台的整体协控机制，当然也可能有企业对这三种机制进行均衡发力的构建。

其二，"自组织＋大平台"构架。同样作为打破科层化大组织病的一种新型组织形态，该构架重点在于激发激活组织内部自组织的广泛创新涌现，改变由权力中心自上而下指挥驱动的逻辑，焕发自组织团队自下而上，自主驱动、自觉担当、自主创造、自我成就。同时，为了避免自组织因小规模化而可能能力厚度不足、因过度发散化而可能方向聚焦不足等局限，在激活自组织自我封装、自主运转的同时，企业必然需要配套建设生态化的大平台，为自组织提供有利其孵化创生、持续生长的组织公共性基础设施平台。组织大平台不仅直接为自组织赋能助推（平台直接赋能），而且可以通过平台网络优势，为自组织对接、联接所需的生态资源，在对接中延伸发展出可能的生态价值（生态联接赋能）。典型如海尔集团，以"人单合一"为其核心逻辑，从早期自主经营体、到利共体、到小微创客，再到不断强化制度和组织平台、生态网络价值的开发建设等，将自主驱动的自组织单元活力，与大平台、大生态的网络优势持续结合发挥。

其三，"多维度交叉嵌套"构架。对于规模较为成熟的多业务企业而言，传统而言往往采取基于单一维度设定的事业部制组织架构。

如有的按业务或产品品类维度划分设置业务／产品事业部、有的按市场区域维度设置地区事业部、有的按客户特征维度设置针对不同客群（如 To C/B/G）的事业部、有的按行业场景维度设置行业事业部等。但是当今规模化的业务多元企业，往往很难通过单一维度化的事业部制来设计组织，基于多维度交叉逻辑来升级发展事业部构架被广泛实践。类似我国军队体制和组织改革的逻辑导向，军委管总、战区主战、军种主建，也是将总体战略领导逻辑、区域指挥作战逻辑和军种能力建设逻辑，这几条主线维度进行交叉结合设计。

企业的战略逻辑和业务属性不同，在进行事业部设计时涉及的维度也不尽相同，而且多维度进行交叉安排时，主线－辅线的嵌套关系也有所差异。这里主线维度与辅线维度之间的嵌套关系，实质上体现为事业部构架下企业对组织权责重心的配置逻辑，体现为基于不同维度设置的组织单元之间，主导驱动－配合联动关系的安排。如有的企业选择以市场区域作为事业部的主线逻辑，进行组织单元布局，同时以产品线作为辅线逻辑，向区域单元输入装载业务／产品内容，这样的主线－辅线逻辑意味着前者区域单元掌握更多的业务主导主动权，同时也担负更直接的市场经营责任。反之，主线－辅线维度安排不同，权责重心和组织单元之间的驱动－联动关系则相应做不同的安排。也就是说，"多维度交叉嵌套"事业部制构架，其关键运作在于对不同维度下组织单元之间驱动－联动的协同机制设计，这从根本上打破了传统单一维度事业部制下，各事业部各自领地独立、平行运作的局限。

如美的集团在其转型升级中，对组织构架的重构变革，打破过去以产品大类、细类为主要维度的事业部制，克服企业产品子集团 – 事业部 – 子公司等垂直层次不断增加，事业部单元之间边界林立、领地丛生等突出问题，走向"总部精简管总、产品事业部业绩主营、能力平台筑能赋能"，这三大维度交叉安排的组织构架。总部总体治理协调，对产品事业部充分授权、压实其业绩经营主要责任，整合设置包括供应链平台、服务平台、研究平台、电商平台、物流平台、国际平台、资金平台和智慧家居平台等能力平台，协同赋能支持事业部经营。再如华为运营商业务的组织构架，曾基于"产品与解决方案"维度设置各主要产品部门，基于"销售与服务"维度按地区规划设置全球布局的销售部门，基于"运作与交付"维度设置相应的运营和供应链部门，尤其在组织运行时，这三大维度部门单元的力量以"拧麻花"的方式有驱动、有推动、有联动，动态协调、联合作战。

其四，"新旧动能双元平台"构架。该构架主要的应用在于支持企业业务新旧动能转换升级的战略要求，既要支撑基本盘主业的巩固提高发展，确保企业在高度不确定环境中有持续的现金流、保持生存，又需要支撑企业面向未来的第二、第三曲线新动能业务的创新创业和快速成长。实际上，这也是企业在变革期，都会面临的业务转型升级挑战。

从组织上，一种基础性的构架安排，就是针对新旧动能业务分别设立相对独立自主运营运转的组织平台，形成双元平台构架（Ambidextrous organization）。通过不同的组织平台搭建，来分别支撑企业原有主业进行利用性创新（Exploitative innovation）、支撑企业第二曲线等新动能业务的探索性创新（Explorative innovation）。对支撑原有主体业务的组织平台持续优化、提升真实能力，推动原有主业巩固提高、高质量发展；针对新动能业务的组织单元平台，推动第二、第三曲线业务的孵化转化、成型成熟发展，创造新价值。

特别要强调的是，在业务的转型发展周期，企业难免都会面临我们称之为"主业优势悖论"的规律挑战，即传统业务越有优势、越成功，形成的模式和经验惯性就越大，也往往越可能难以适应新兴业务的发展成长规律和要求。人们大多认为大树底下好乘凉，但这个企业转型悖论往往说明大树底下不长草。过去业务业态的成功和经验，往往是对新动能曲线业务最大的障碍。

因此，在支持新旧动能业务升级发展中，双元平台组织构架建设的核心要义在于：新业务、新平台、新能力、新机制，打破传统业务经营模式、组织机制和能力经验，对新业务的干扰和束缚。

应设立专门承载新业务的组织单元平台，与传统业务分划开来、独立运营；针对新业务，应充分结合该业务本身的行业场景和经营逻辑，设置区别于传统业务的组织构架；引进培育配置符合新业务竞争要求的人员，而非只是将传统业务上的人员分流到新业务中，最好是将组织内部具有企业家精神、符合新业务能力要求的人员，与从外部引入的高能级人员，有效组合搭配在新业务平台上，实现内部联接优势和新业务专业能力优势的结合发挥；在关键动力机制的设计上，更应摆脱长期适用于传统业务的机制安排惯性，设置符合新业务成长阶段、业态逻辑特征的绩效目标、考核评价及激励机制，防止在传统业务上驾轻就熟的旧机制和生产关系，不符合新业务的发展规律而束缚新业务的健康成长。

其五，"任务项目式作业"构架。实际上这种组织形态并非一种构架体系，而是一种强化以关键任务为抓手的组织运营机制。将重点工作任务进行更明确地设立和封装，以这些重点工作任务为主线，打破组织的层级边界和部门边界，让来自跨部门、跨功能的人组成专项工作组，重点聚焦攻关、协同行动，实现重点任务的高质量完成。

其核心内涵，在于打破将工作任务封装到既定组织部门单元中的传统逻辑，而是通过重点任务来穿连相关的资源和人员配置，来打破组织中的壁垒和部门墙。实际上，很多标杆企业在打破组织边界、激发组织活力的实践中，都以各自不同的概念和做法实践过类似的机制，如包括华为在内一些企业将这些重点工作任务通过项目管理的方式进行重点推进，也将这种组织特点称为"项目式组织"。阿里巴巴曾推动"插拔式团队""插件式人才"，围绕重点工作各专业背景的人员即插即拔、灵活组合。海尔人单合一模式的持续变革，也强调人员围绕客户价值的单，按单聚散、动态合伙。万科也曾广泛实践其"事件合伙机制"，以任务为驱动，鼓励奋斗者们自主举手、自发涌现。

其六，"生态化网络治理"构架。这种形态主要涉及成为生态化平台的集团组织，在集团治理模式上的升级发展实践。在集团管控治理的模式上，过去主要在战略管控、财务管控、运营管控和混合型管控等典型模式上进行选择。但在环境动态、智能互联的背景下，业务和组织不断向着网络化、生态化的导向发展，"生态"意味着以自主、自生能力的锻造激发为导向，新旧动能持续生长、涌现和代谢，这意味着传统的集团"管控"逻辑为主线的集团化模式难以适应。

业务生态化组织的集团治理，超越控制论、走向更强的授权和激活，打破中心化、走向分布化和网络化。集团的价值创造，将更多在于发挥"方向牵引"（战略愿景与文化价值观）、"整体协同"（创造集团整体价值最大化和协同增值最大化）、"业务助推"（在对业务自主经营充分授权的前体下，集团配置资源、牵线搭桥、赋能助推）、"生态合作"（以集团位势联接具有战略互补性的产业生态、社会生态伙伴，不断延伸强健高质量的生态伙伴集群），以及"非线性整合"（集中集团优势资源和资本，进行战略并购实现目标业务的非线性获取）等若干关键共功能，并通过战略纽带、文化纽带、资本纽带以及人力资本纽带，来持续联接集团大生态中的业务物种，使各业务物种在网络化的集团大生态中自生共生、代谢演化，而生态系统本身得以在物种的新旧代谢中、在联接共生中持续延伸和进化。

第三章
人才战略与人力资本价值管理

发展是第一要务、人才是第一资源、创新是第一动力。一切事业和产业，其实都是人业；人不只是手段、更是目的。正如我们中国汉字"企"字所体现的那样，以"人"字为顶，企业中人的高度决定了事业的高度，而如果人的能力状态缺乏竞争力，任何事业也就止步了。尤其在知识经济、创新发展的时代，掌握知识、勤于奋斗、担当创新和具有企业家精神的人力资本，成为社会经济升级发展最关键的驱动力量、成为企业持续竞争优势最根本的载体。我国企业也亟待超越一直以来所依赖的低劳动力成本红利，通过人才管理体制机制的升级充分激发人力资本的创新红利。

人的管理主体：三位一体

现代人力资源管理，作为现代企业管理的一个专项职能，大致自20世纪80年代中前期开始发端于美国。它超越了事务性、程序性的人事管理阶段，在人员的招聘甄选、配置任用、培养发展、绩效管理、激励管理、职业生涯管理以及雇佣关系安排等典型功能上，专业化含量不断提高。我国也在20世纪80年代后期，从中国人民大学开始，引入现代人力资源管理的学科和教育体系，开始持续为业界培养专业化的人力资源管理者，人力资源管理部门也都成为企业管理职能部门中的一个必要单元。

　　然而，随着企业人力资源专业职能和部门的不断发展和成熟，很多企业家和经营管理者便往往产生了一个误判，认为企业中人的管理都应该是人力资源部门的责任。实际上，人的管理并不是人力资源部门作为一个职能部门的完全责任工作，人的管理是每位管理者必修、必担的职责。从企业家和高层经营者、到中层干部、到基层单位管理者，每一位管理者自身才是人员管理的主要责任人，既要管好业务、也要带好队伍，是每一位管理者的职责。

　　当然，企业高层、部门管理干部以及人力资源部，各自应立足其不同的立场视角、以不同的重点工作抓手，各有侧重、相互匹配地担当起各自在人员管理上的职责。如下图 3-1 所示：

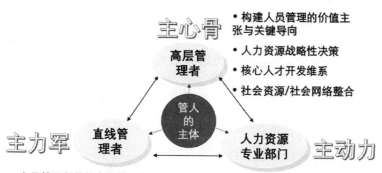

图3-1　人员管理三大主体及其关键责任

企业家与公司经营高层管理者是人才管理的主心骨，关键人事工作必然是一把手工程。高层管理者进行人才管理的关键职责和抓手，首先在于为公司提出和确立有关人力资源管理的价值主张和关键导向，这些关键的主张导向将成为人力资源各项制度建设的中心思想和内在主线。明确理念和导向，是一切管理活动的前提。很多时候职能管理部门在具体工作、方式方法上来回折腾、效能不高，归根结底往往是公司在该管理领域没有梳理起相对明确、鲜明的导向主张，管理工作缺乏主线，必然工作发散、消耗很大但效果有限。头部企业在进行管理梳理和变革升级时，往往先就管理"纲领""纲要"进行建设，在理念导向、原则主张层面梳理通透、达成共识，进而指引具体管理机制的建设和迭代，纲举目张、方向明确、导向聚焦，从而发力精准。

高层管理者还须结合企业的战略发展要求，就企业人力资源的战略议题进行决策安排和推动。在人才上，高层管理者应该就担当企业战略性责任、承载企业核心竞争力的核心人力资本，进行重点关注、维系与联动，牵引、保留和激发企业的核心人才，能够在企业平台上持续施展发挥、引领价值创造。同时，高层管理者人才管理的边界是开放开阔的，并不局限于企业组织内部的人才，还须就企业广泛利益相关方中的关键伙伴进行开发、维系和交互，联动性地经营好企业的社会资本，建立与广泛利益相关方之间高质量的共建共赢关系，促进事业长期发展、实现全面价值。

各级部门管理者是人才管理的主力军，是人才队伍建设和激发的第一责任人。业务或职能部门的直线管理者，在日常工作过程中与员工发生最具体的沟通互动和影响，他们在日常工作中是不是有意识、有领导能力，在人才的识别使用、帮带发展、评价评估、激发激励等方面积极作为，实质性地决定和影响着员工实时的工作效能和状态。直线管理者负责对公司的人力资源政策进行执行落实，同时掌握相应权限在部门进行相应的人力资源决策。

人力资源部门作为专业职能部门，是人力资源管理主体中的一个重要构成，基于公司高层管理者所提倡的人才管理导向，制定相应的人力资源管理职能政策、设计机制、推动落实。人力资源部门参与公司高层在人才战略方面的研判和制定，发挥专业性的参谋作用。尤其是针对各部门的管理者，基于各部门业务在人力资源方面的需求，人力资源部门发挥其专业化能力，为业务部门提供人才解决方案支持，发挥赋能助推业务的伙伴作用。

公司高层管理者、各级部门管理者以及人力资源部门，应该从各自不同的层面、视角，担负起各自在人才管理上的角色责任，三位一体、相互呼应、协同推进。

人才战略纲要：系统设计与关键命题

管理支持经营。人才管理作为一项管理职能，支撑经营战略和业务发展是一个根本指向，同时通过事业的成长成功，实现组织与人的价值共同实现。企业人才战略的制定，进行战略性人力资源管理，核心目的在于将人力资源管理的专业性功能与企业的战略经营逻辑匹配衔接起来，从人才管理的角度支持构建企业的持续竞争优势。

人才管理"战略性"的不断升级，是社会经济发展的必然要求。自 20 世纪六七十年代以来，战略管理成为企业管理的引领性领域，企业经营的各方面都开始要求实现战略性导向。在经济学领域，人力资本投资为社会经济增长带来的显著效益得到了实证性的证实，促进了从国家宏观层面、企业中观层面和劳动者个体层面进行人力资本投资的行为，相应地，人们也越来越关注人力资本带来的增值，基于人力资本投资导向的人力资源管理开始被认为具有战略性意义。知识与技术的快速升级，进一步强化了人力资本投资的效果和人本身的价值，使知识、智力、创新和企业家精神等凝结在人身上的因素成为社会全面进步的根本驱动因素。在知识社会中，技术学识对个人在社会中的职业发展具有决定性意义；对企业组织而言，人的知识和智能水平也成为企业学习能力最重要的支撑。人力资源在知识时代的背景下，其本身具有了特别的价值性、异质性、稀缺性及难以模仿性，从而成为一种最根本的战略性资源。

此外，人本主义的价值观成为现代社会人们认识、开发自我和追求自我实现的主流认识。随着社会物质基础的不断丰厚，人本意识也不断得到强化，这从社会学意义上使具有趋利本质的企业，开始更多地体现出对人的关怀。企业要在这样的人本伦理下取得其战略成功，就必须在其战略决策和执行中做出对人更充分的考量、激发和成就。

企业人才战略的制定，从方法论实践的角度看，也经历了一个演变发展过程，如下表 3-1 所示：

表3-1　企业人才战略规划制定实践发展

演进阶段	产能匹配阶段（20世纪初期）	人员供需阶段（20世纪60-70年）	战略与管理融入阶段（20世纪80年代以来）
主要背景	工业化大生产；强生产率导向；成本控制导向	技术进步；经营管理系统化；人员结构多样化；组织规模快速扩张、专业技术人员需求增长	环境动态化；战略管理统筹强化；组织精简、管理变革和绩效导向；线性规划失去稳定性条件、人员需求抑制、人员管理机制优化
基本特征	基于生产率要求的人与生产线匹配规划	基于线性程序的供需匹配规划	基于企业战略特征的全面匹配规划
主要对象	小时工人、计件工人等生产线操作人员	包括生产操作人员、管理人员和专业技术人员在内的各类员工	既针对各类人员进行供需分析，也开始关注对人力资源管理机制进行战略性设计
主要内容	人与生产流程、生产资料（机械具等）的配置和人工效能分析	人力资源的"需求—存量—供给"分析与预测	人员的供需匹配规划（传统人力资源规划）+人力资源管理机制与企业战略进行匹配对接的建设规划（人力资源管理战略）

　　在20世纪初的工业化发展早期，伴随着企业产能的规模化发展，人力资源战略规划的主要内容，更多是基于产能增长要求就劳动力需求进行规划；涉及的人员主要是生产线的操作员工，重在以生产线分工为基础、以计时–计件–计人为主要逻辑，进行人员–产能匹配的分析和安排。

　　到了20世纪六七十年代，伴随着技术进步、人才市场发展以及企业经营管理体系的建设，人力资源战略规划的主要内容开始将企业的人员需求和人员的供给结合起来，基于业务线性发展分析对人员需求进行预测，并对内外部人才市场的供给进行分析，进行人才供需匹配的规划。涉及的人员也从生产性人员，扩展到专业技术人才和经营管理人才等各类人才队伍。

20 世纪 80 年代以来至今，企业战略规划体系的建设与引领作用不断加强，人才战略规划的内容也从人才队伍本身的供需规划，扩展加强了对人力资源管理机制建设的规划，强调人力资源管理的制度安排也应支持匹配企业的战略发展要求，通过战略性的人才机制，吸引保留激发战略性的人才和行为，驱动实现企业的战略目标。将人才队伍建设和人才管理机制建设相结合，周禹较早就曾提出战略性人力资源管理的关键主线与构成维度，即：

$$
\begin{array}{c}
\text{战略性} \\
\text{人力资源管理} \\
\text{(Strategic HRM)}
\end{array}
=
\begin{array}{c}
\text{对"战略性人力资源"} \\
\text{的管理} \\
\text{(Strategize talent)}
\end{array}
+
\begin{array}{c}
\text{战略性的人力资源管理} \\
\text{机制安排} \\
\text{(Strategize HRM systems)}
\end{array}
$$

所谓战略性人力资源管理（Strategic HRM），概括而言，就是匹配战略要求设计人力资源管理体系机制（Strategize HRM systems），以重点开发激发企业的战略性人力资源（Strategize talent），或称之为企业核心人才、关键人才队伍等，以创造战略性价值的人才为本。HRM 管理机制与核心人才队伍的战略性升级建设，是战略性人力资源管理的两条主线，同时再辅以人力资源管理部门（Strategize HR Dept.）的战略性升级建设、人力资源战略性价值评估体系建设（Strategize HRM metrics），这些基本维度共同构成了企业战略性人力资源管理的体系。

相应地，所谓人力资源战略规划（HRM Strategy & Plan），是对企业如何按照以上主线和方面，开展战略性人力资源管理工作而设计的引领性纲要和统筹性安排。更具体而言，是以支撑企业的战略和业务发展为导向，就人才队伍、人力资源管理体制机制等方面的建设目标、关键举措和行动路径进行规划设计的系统解决方案。尤其是在高度不确定性的竞争环境中，企业进行人力资源战略规划设计时，对人员供需本身的数量性规划与预测逐步弱化，或融入年度人才需求计划等常规工作中，但是对企业战略性人才队伍的建设方向、对组织与人力资源机制的建设导向等越来越获得强调。这些导向性的原则，经过系统化的梳理提炼和建立，则成为企业在人力资源管理方面的纲要体系，成为指引企业战略性人力资源工作的顶层设计与系统指引。

结合多年来指导协同若干标杆企业进行"人力资源战略纲要（HRM Strategic rationale）"研究与实践经验，我们进一步发展构建了企业制定人才战略纲要的体系框架及涉及的关键命题，如下图3-2所示：

图3-2　企业人力资源战略纲要建设全要素体系

我们创建的企业人力资源战略纲要建设的完整体系，包含了八个方面（8P）的若干关键要素。

人才战略研判分析（Probing）——首先，对企业战略要求的分析、对组织与人力资源重点问题的诊断以及对标的研究等，统称人力资源战略纲要的分析前提工作，强化人才战略制定的战略导向、问题导向和对标卓越发展导向。

人才战略愿景与整体价值主张（Prospect）——在内外部分析基础上，明确在未来的一段战略周期内，企业人力资源管理的愿景和整体导向，树立愿景方向、强化人力资源价值主张的牵引力量。这里的整体导向，主要在于向组织内外明确和传导企业在人力资源管理方面的价值主张（HRM value propositions），回答企业怎样看待员工的价值？员工在企业平台上工作能获得什么/实现什么价值？企业在人才管理逻辑上的根本价值取向是什么？等基本命题。在人力资源战略愿景和价值主张的导向下，分别重点进行企业人才队伍和人力资源管理体制机制的建设规划。

人才队伍（People）建设规划——在人才队伍建设发展方面，首先对人才队伍的现状进行盘点分析，把握现状、掌握问题；其次结合业务战略要求，对人才的整体需求目标进行分析研判，通常围绕着人才的量、质（能力素质）、结构、配置、动态、效能等方面提出相应的总体发展目标；再则按照分层分类原则，进一步就不同层次（如高层团队、干部队伍、高潜后备队伍等）、不同类别（经营管理类、专业技术类、技能操作类等）的专项人才队伍，进行专门的规划建设，提出不同专项队伍的建设导向、关键目标和关键需求；其中，还可将人才的梯队层次、专业类型与企业业务经营逻辑中的关键领域和环节进一步深入结合，对企业的关键岗位、关键人才进行更加聚焦的规划，对企业的核心人力资本有更加侧重和深入的开发建设安排。

人力资源管理机制（Programs）建设规划——匹配企业的战略导向、锚定人才队伍的建设规划需求，进行企业人力资源管理机制的建设规划，即通过制度机制的升级发展去支撑战略要求、去锻造所需的人才队伍。在人力资源管理机制的建设发展上，基本动作在于对典型的人力资源管理专业功能模块，结合新战略周期的要求，进行优化升级的规划安排。

更重要的，则在于结合企业对重点人才队伍的建设需求，或企业业务经营本身的关键要求，定制化地设计专项性的人力资源综合解决方案（Specialized HRM solutions）。这里的综合解决方案意味着，这些专项关键机制的建设通常需要打通、联动多个人力资源功能模块，进行跨边界的综合设计和协同实施。比如，针对某层某类的人才队伍需求，企业可综合招选配置、培养开发、绩效管理、薪酬机制等多模块的专业技术手段和举措，形成针对该专项人才队伍建设的综合人力资源解决方案（可称之为某项重点人才建设工程等）。再如，组织需要提高人才效能，这一战略性的要求并不能被分划到人力资源管理的某项功能模块工作中去承载，组织人才效能的提升是一个工作内涵丰富的命题，可能涉及业务本身的结构性调整、组织的结构性调整、人员配置和工作方式变革、基于效能的人才动态代谢机制，以及一般意义上在人才精益编制、精准选用与激励等方面的优化抓手，它并不是靠某一项人力资源专业模块的升级去实现的，需要以效能提升为主线，打通联动多方面、多功能的技术手段形成综合解决方案。

人力资源专业部门（Professionals）发展升级——以上人才队伍建设规划和人力资源管理机制建设规划的实现，无疑都需要人力资源部门，作为一个重要的专业职能部门去推动和落实，因此，对人力资源部门的结构、能力发展和权责优化配置进行规划，也是人才战略规划中的重要构成部分。

在人力资源部门的结构性优化上，越来越多企业打破按照 HRM 专业功能模块来设定人力资源部门内在结构的做法，建立实践所谓"人力资源三支柱"的职能组织结构。实际上，人力资源部门的组织结构有着多种可能的形态（如下表 3-2 所示），每种结构形态没有绝对的好坏优劣之分，关键在于与企业的战略业务安排、企业整体组织结构和管控权责的逻辑相匹配。

表3-2 HRM部门的多种典型结构及主要特征

HR部门典型结构	主要特征
专业分工型	按照HRM各模块进行专业分工，设HR经理、HR各专业经理和专员，为企业内部客户（如业务部门等）提供HRM支持与服务。
内部团队型	设HR专业经理及专员，但采用团队方式运作，各专业经理及专员之间适时进行职位轮换，每个人皆可逐步掌握HRM各模块的技术，共同为企业内部客户提供HRM支持与服务。
咨询顾问型	组织机构中不设专门的HRM部门及HR专业经理和专员，仅长期聘用或内部培养少数掌握各模块的人力资源管理专家，为企业内部或外部客户（战略伙伴、供应商等）提供全面的HRM咨询服务。
外包导向型	从劳动力市场上的专业服务机构"购买"人力资源管理外包服务，HRM部门成为一个与社会服务资源的联系部门，不从事具体的HRM工作，设经理和联系专员负责与社会机构进行专门联系。

（续上表）

HR部门典型结构	主要特征
服务共享型	适用于多业务单元的事业部组织或矩阵式组织，即通过在总部层面设立专门的人力资源服务平台，与事业部或项目部中的HRM管理部门共同形成网络化的HRM体系，资源可基于该网络实现共享。为企业内部或外部客户提供HRM支持与服务。
三支柱协同型	在集团或总体统筹平台层面设置HR专家中心（COE），结合企业整体战略要求进行全组织遵循的HR顶层设计；在业务单元设置HR业务伙伴（HR Business Partners）团队，将HR顶层政策结合业务单元具体特点和需求，开发实施业务导向的HR解决方案，赋能助推业务发展；将事务性、标准化、例行性工作进行共享服务化，成立共享服务中心（HR SSC），一站式、便捷化为广大管理者和员工提供共享服务。三支柱平台各展其能、相辅相成、协同运行。

人力资源部门的组织构架选择，对人力资源部门专业队伍的能力配置提出不同要求。随着企业内外部环境的发展变化，人力资源部门的能力结构也在不断地网络化发展和拓展。概括而言，如下图3-3所示，形成12项关键能力。

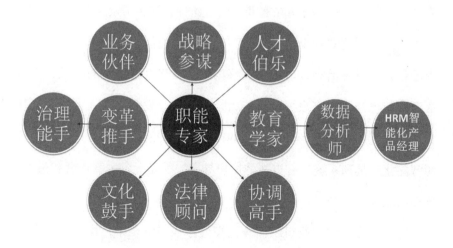

图3-3 企业人力资源部门的能力网拓展

在人力资源专业领域内成为职能专家，是HR专业人员的基本功。

在此基础上，能够理解公司战略、设计实施人力资源战略性解决方案，成为企业的战略参谋。能够理解业务逻辑、设计实施业务导向的人力资源解决方案，助力业务发展，成为业务伙伴。作为企业里的人才伯乐和教育家，善于发现、托举人才，善于通过设计实施企业的人才培养发展方案、建设人才平台，促进企业人才队伍的持续成长发展。掌握公司治理的相关知识和能力，能够升级至公司治理结构层面，在董事会中涉及高层人事的提名委员会、绩效与薪酬委员会等专业委员会，参与工作、发挥作用。深度参与企业的变革，能够设计推动组织系统的变革发展，通过人力资源代谢流转机制的设计实施，使组织保持活力。在企业文化建设的工作中，参与文化内容的开发，并在文化的宣贯落地、考核评价落地以及机制承接落地等方面进行配套设计。掌握有关用工、雇佣和人力资源管理的法律法规，做好企业在人力资源方面的法律顾问，确保公司在雇佣上的合法性、防止劳动人事法律风险。人力资源工作这本身也需要有较高的协调沟通能力，善于在不同的管理场景，进行灵活有效地组织人事沟通。在当今数字化的时代，人力资源部门也需要充实数据分析能力，甚至在开发和引入人力资源管理智能化系统的过程中，具备更强的产品经理的思维和能力，让人力资源智能化工具和系统具有更强的用户导向，赋能于广大管理者和员工，推动组织数字化升级。

针对集团化的企业组织而言，在人才战略纲要中，也可包涵有关集团组织人力资源治理管控权责的优化配置导向，即在集团平台、业务单元平台以及业务一线单元之间，对人才队伍管控层次、人力资源管理各功能模块权责层次进行系统梳理，优化组织人事权在总体统筹和授权激活之间的配置逻辑、关键领域和抓手，统分结合，追求集中统筹效能和权责下沉全面释放活力之间的动态平衡。

人才战略规划执行与评估（Performance）——人才战略的制定，绝非完成一个纲要或规划文本，束之高阁；而是纲举目张，以之来指引未来一个战略周期内的人力资源重点工作。因此，人才战略的执行机制和行动计划等也是重要的安排。当前动态环境下，人才战略的动态执行应该更紧密、高频地与业务战略的执行、检视过程结合起来。如，在工作过程中，伴随着相应的业务经营分析会，应同频同步召开例行性的组织与人力资源分析会，前者适时审视市场和业务的经营情况，后者配合检视组织与队伍的配置支撑和效能状况，实现战场战况检视与阵型军马检视的配套相向而行。在进行组织与人才适时检视时，应建立一套组织人才效能的综合评估体系，确保以评促建、以评促优，持续闭环改进升级。

直线管理者（Performers）人员领导力建设——如前文所述，各级管理者是人才管理和发展的第一责任人和主力军，因此在人才战略中应有专门安排，来强化各级管理者在人员管理、帮带激发以及团队建设等方面的意识、能力与责任，赋能提升各级管理者的人员领导力，担当起、发挥好他们在人员管理上的责任角色和主力军作用。

人才管理数字化平台（Platform）建设与升级——随着数字化技术在产业企业中融合应用的不断深化，人力资源管理的数字化升级与平台建设，也应成为企业人才战略体系中的必要构成。通过精准、适切的数字化、智能化武装，提升组织运营效率、人员效能和工作体验。

以上八个方面及其所包含的若干关键要素，共同构成了企业进行人才战略纲要与规划建设的完整框架。当然，企业在制定人才战略纲要和规划时，不见得都必须完全完整地面面俱到，结合企业自身的战略安排需要、组织问题痛点等，可在我们提供的完整体系框架及要素中，进行重点选择和规划。

人力资本价值管理

如前文所述，随着产业和企业升级发展对人力资本的依赖越来越高，人才管理的战略重要性日趋突出。尤其是对承载着企业核心竞争力、创新发展能力的战略性人才而言，充分挖掘、激活并实现其人力资本的全面价值，是当前及未来一段时期，企业人才战略设计实施中最关键的要求。

知识创造价值、分享价值

随着社会经济和产业的不断发展，人们对劳动和知识创造价值的认识也不断深化。古典政治经济学创始人威廉·配第很早指出，"劳动是财富之父、土地是财富之母"，认为一切财富都是人的劳动和自然共同生产出来的。作为古典政治经济学奠基人之一的魁奈（Francois Quesnay），则进一步指出"人们本身就是自己财富的第一个创造性因素"。亚当·斯密在《国富论》中便提出将国民所有后天获得的有用知识和能力，作为国家资本的组成部分；人的能力提高是促进企业利润和国民财富增长的重要投资。萨伊（Jean-Baptiste Say）不仅进一步把科学知识作为生产力的一部分，而且强调了负责经营的企业家在生产过程中所发挥的特殊作用。

自 1960 年"人力资本理论"被正式提出，人的知识、能力、创造力与企业家精神等人力资本要素被纳入经济增长理论的基本要素和模型中，被不断证明对国家经济增长、产业企业的发展起着越来越显著的驱动作用。

1960 年美国著名经济学家（时任美国经济学会会长）西奥多·舒尔茨（Theodore W. Schultz），正式开创"人力资本理论"（人力资本理论之父），获得 1979 年诺贝尔经济学奖。美国经济学家加里·贝克尔（Gary S Becker）（1992 年诺贝尔经济学奖）对人力资本理论进行了全面的发展，被认为是"经济思想中人力资本投资革命的起点"，并将经济学的分析范式和方法延伸至人类行为的分析。在规范的经济学概念语境中，"人力资本（Human Capital）"是一个具有综合性的规范概念，区别于人力资源的数量或劳动量的简单化计量，它广义地包涵人的知识、技能、能力素质、经验、健康以及企业家精神等体现人力资源质量属性的要素。后来随着"知识经济"概念的出现，管理学领域中"知识管理"等范畴的发展，管理学者们发展出知识资本、智力资本等概念，某种意义上它们都是人力资本概念范畴的延伸。

超越传统增长模型中的资本、劳动等基本要素，把人力资本纳入对经济增长的贡献分析自舒尔茨开始，大量经济学家已经在理论发展和实证上做了充分的论证工作。如 20 世纪 80 年代罗默（Paul M.Romer）

创立"新增长理论"（2018 年获得诺贝尔经济学奖），把知识和技术纳入增长模型中来，开启了内生增长机制的分析。至今，有关人力资本对国家、产业、企业以及个人收益等各层面的显著积极作用，已是被充分实证的基本结论。

萨缪尔森[①] 则将"技术和企业家精神"（包涵知识技术、管理技能以及创新）作为驱动经济增长四个轮子中的重要一环。产业现实中，特别是随着 20 世纪 90 年代以来信息技术、互联网以及科技型企业快速发展，经济合作与发展组织（Organisation for Economic Co-operation and Development，简称 OECD）于 1990 年提出的"知识经济"成为主流的概念共识。包括技术性知识、经营管理知识技能以及企业家精神在内，具有知识、能力和创造力含量的人力资本，成为驱动各行各业升级发展最重要的力量，成为企业竞争优势最重要的载体。

相应地，技术白领与从事经营管理的职业经理人一道，作为知识工作者，靠知识和能力、奋斗与创新来创造价值、分享价值，成为现代社会白领阶层（中产阶层）的重要构成，这又促进了现代社会纺锤型阶层结构的成型。富含人力资本的知识工作者，通过自身的知识能力和创新来创造价值而获得自身的体面收入，不仅成为优化社会分配结构的重要阶层载体，同时也成为社会消费升级的主力阶层。"知产阶层"的全面崛起，从生产、分配、消费以及社会结构等各方面，成为现代社会经济和社会持续稳定发展的重要引擎和保障。

---

① 保罗萨缪尔森，1970 年诺贝尔经济学奖得主，美国麻省理工学院经济学教授。被誉为新古典主义经济学的集大成者，创立了新古典综合学派（Neoclassical Synthesis）。

随着各行各业对知识的要求越来越高、越来越深入和复杂，掌握知识的人也便越来越难以被替代。人力资本专用性[①]不断提高，和资本的自由流动性之间存在的客观矛盾，必然使得产业、企业和资本对人力资本的依赖性不断强化，专用性人力资本在与多元相关方建立公司治理契约时发挥越来越主动主导的作用。

人力资本关键属性与价值管理

"人力资本"的价值属性，超越于一般意义上的"人力资源"，对人力资本价值的管理激发，也有着相应的规律和逻辑。无论是在全球范围内，还是对我国企业的创新升级而言，优化人力资本的结构性价值、盘活人力资本的流量价值、激发人力资本的创新价值、涵养人力资本的可持续价值，以及挖掘人力资本的数据价值等这些方面的人力资本价值管理，都是亟待突破和强化的战略性机制。

优化人力资本的结构性价值——曾经人们以"无差别的人类劳动"，作为商品价值的一种内在成分；但由于人所掌握的知识广度、深度、创新度等上存在差异，人力资本则具有显著的"异质性（Heterogeneity）"特征，即不同知识含量的人力资本对企业价值生

---

①　Williamson（1975，1985）提出"资产专用性（Asset specificity）"的概念，成为对交易费用经济学的一个重要发展。资产专用性指一种专用性投资一旦做出，不能转为其他用途，除非付出生产性价值的损失。Williamson 及其他学者 Dow（1994）、Blair（1995）、Rajan & Zingales（2000）等基于资产专用性的概念内涵，也分析了"人力资本专用性"对公司治理的影响。总体认为人力资本专用性的提高，公司治理对专用性人力资本的依赖也越来越高，对达成公司治理高效的契约越来越难以替代，在治理契约谈判中也会形成更主动的地位。由于其不可替代性强、如果退出给公司价值带来的损失风险高，所以在治理契约中必须对高专用性的资产进行特别的权益保护和激励，作为对其专用性投资而担负更高专用性风险的补偿。

成的贡献是不同的，企业的生存发展对人力资本的依赖程度也是不同的。在产业与企业中，在社会人格和伦理意义上，人人平等；但在价值创造意义上，不同知识能力含量的人其价值创造水平存在显著差异。

相应地，区别于传统人力资源管理更多关注对人工成本的压缩性管控，针对异质性的人力资本，其关键的管理逻辑并不在于控制投入或成本总量，而在于充分优化投资和配置结构，以差异化的管理机制、有针对性地做好异质性人力资本的管理和价值组合。因此，我也将人力资本结构性价值的管理，称为人力资本的结构经济学。

按照资源属性，对人工成本进行管控，很容易陷入"人工成本的减法陷阱"。在面临行业或业务下行挑战时，企业往往会相对简单地进行人工成本的严格管控措施，然而一旦陷入总量性持续缩减的管控逻辑，人的动力就会持续下降，从而降低效能，进而业务反而也就越差，然后在不断陷入继续控制成本的恶性循环。相对于成本的减法式管控而言，提高企业人力资本的结构性投入和组合性价值创造，才是更具先进性的管理逻辑。

实际上，企业对人的投入总量或激励总体水平高低，从来都不是关键性的因素，投入或激励结构的板结、缺失结构性张力，才是让人力资本投资回报率不高的症结。所谓干多干少一个样、干好干坏一个样等平均主义，就是缺失结构性张力的典型；所谓以奋斗者为本、不让奋斗者吃亏等，本质就是要拉抻、释放结构性投入的激励张力。

人力资本结构性价值的管理，在实践操作上概括而言，包括如下关键步骤：其一，分类化盘点。即按照人力资本的真实价值信息（而非外在的职位职级信息），对组织的人力资本进行分类化的盘点识别。如以能力、绩效、价值观等人力资本自身的效能标准，通过人才盘点九宫格等工具对人才进行分类定位。其二，差异化管理。区分出人才九宫格不是目的，更关键的在于针对不同价值区位的人力资本，设置差异化的管理解决方案或人力资源管理模式，针对不同价值定位的人力资本、精准充分地挖掘激发其价值。其三，重点化倾斜。尤其是针对能力卓越、绩效高企、价值观深度认同的核心人力资本，进行重点聚焦的管理与激发、优先投入，资源、激励、发展、权责等要素全面以其为本、重点倾斜，让其充分施展、激发卓越价值创造。

盘活人力资本的流量性价值——相对于资源的管理往往关注配置，人力资源管理的逻辑也在强调人与岗位的匹配。但人力资本是具备流动性（Liquidity）属性的，类似货币资本，其配置的动态活性、周转效率等，也是人力资本实现流量性增值的重要逻辑。超越人力资源管理传统上追求人与岗位的静态匹配，让人力资本能够打破组织边界、单元边界、专业边界、场景边界，实现动态配置、敏捷涌流、灵活涌现，充分盘活人力资本流量价值、广泛释放组织活力。我们也将这个逻辑称之为人力资本的流量经济学。

在实践上，人力资本流量价值的盘活，首先要求组织是一个内外部融通的开放生态，而非封闭系统；开放才可能带来持续进步、封闭则必然落后。无论为我所有、还是为我所用，保持开放、适时按需引吸吸纳行业里的优秀人才，同时持续建设组织人员的代谢机制，能进能出、能上能下、革故鼎新。其次，从人才职业生涯体系的建设角度，通过多通道的基础建设、多路径的发展规划，让各类人才即有通道在专业上纵深发展，也有机会跨边界成长、持续拓展能力宽度；甚至通过内部人才市场机制的建设，供需自发自主匹配、激发人才活水涌流。再则，如前文在组织形态中所提及的，也可通过任务导向型、项目导向型组织的建设，围绕重点任务，激发自主团队的灵活组合和协同运作，让人与任务、人与人能够无边界地动态组合配置。最后，人力资本的流量价值管理，必然还要求组织有着比较有力的退出机制（如权责退出、待遇退出、职位退出、组织退出等多阶次的退出机制）或角色转换机制，进而能够持续打通组织内外生态的人力资本价值流。

激发人力资本的创造性价值——"资源"的使用在于"转化"，从一种能量形态、转化为另一种能量形态，但是能量总体是守恒的。"资本"最本质的一个属性则在于"增值"，人力资本是能够创造增量的，往往也是承担创新创造风险的，进而是有权益去分享增值的。人是创新创造最根本的主体和源泉，人力资本的创造性价值也是其最核心的价值逻辑。

相应地，人力资本掌握创新创造主导权，创造价值增值、担当创新风险，进而享有分享增值与剩余的权益。概括而言，针对人力资本创造性价值的激发，在机制安排上，应超越人力资源管理上的报酬分配，而走向增值分享。报酬分配是对劳动投入和产出进行等价回报，劳动者有其必然的劳动报酬权；增值分享则意味着人力资本对其实现的增量创造享有所有权（人力资本产权）、进而对增值或剩余进行分享，人力资本有其必然的剩余索取权。在方式上，各类增量分享机制、涉及股权的各类权益性长效激励机制，以及强调风险共担、增值共享的事业合伙人机制等都在被广泛实践。

涵养人力资本的可持续价值——"资源"往往是会被消耗的，"资本"则追求可持续的价值循环实现。或者说，当对资源的开发管理能够做到循环可持续时，它们也便具备了资本长期循环增值的属性。人的健康素质，本身也是人力资本的重要内涵；这里我们所谓的人力资本的可持续价值，主要在于强调要保护维护好人的身心健康、工作 – 生活的健康平衡等，避免过度的消耗和压强，折损人的身心健康而破坏了人力资本价值的可持续性。

挖掘人力资本的数字化价值——如前文已有论及，组织与人才管理的数字化升级，已经成为显著的发展趋势。结合企业整体进行数字化转型升级的战略安排，企业也可设计规划人才管理的数字化升级路线图，通过人力资源计量（HRM Metrics）指标体系的建设，结构化、长效化地积累有关组织中人和人才管理的数据，积累人力资源的数字资产；通过人力资源分析（HRM Analytics），结合具体应用场景和关注的人才管理问题，在数据中挖掘关系、发现规律，为优化管理方案提供更精准可靠的、循证化的实证分析支持；通过开发或引入人力资源管理的智能化工具或系统（HRM Intelligence），提升组织与人才管理的智能化水平，持续释放数字化带来的组织和人才效能升级。

概括而言，人力资本相对于人力资源而言，在价值异质性、流动性、增值性、可持续性以及智能性等方面的属性更加突出，对人力资本的结构性价值、流量性价值、创造性价值、可持续价值以及数字化价值进行重点管理与激发，共同构成了企业人力资本价值管理的系统逻辑。

第四章
人力资本管理模式差异化

人力资本具有价值异质性，企业对人力资本结构性价值的管理，即针对不同价值属性定位的人力资本，采取差异化的管理模式安排，既有针对性地激发各类人力资本对组织的价值创造，又注重差异化管理模式之间的兼容耦合，进而由多种模式的兼容创新形成更加难以被模仿的制度系统安排。最终帮助企业获得人力资本价值释放和管理制度兼容创新的全面优势。

人的管理模式：从控制到承诺

自 20 世纪 80 年代中期以来，人们越来越关注人力资源作为组织竞争优势来源的战略性意义，以及人力资源管理实践或系统对组织战略成功的影响机制。特别是随着知识型工作、知识型员工，在现代经济产业和企业组织中的占比越来越高，在工业化、机械化大生产早期企业强调控制论的管理逻辑，越发难以适应知识型工作和员工要求。管理者及研究者从大量标杆企业的实践中，提取和构建了"承诺型人力资源管理模式（Commitment-based HRM system）"，也被称之为高绩效或高承诺工作系统（High performance/commitment work systems），成为一种最佳实践[①]，作为对"控制型人力资源管理模式（Control-based HRM system）"的替代，一直以来被人们广泛关注和推崇。

　　承诺型的人力资源模式，通常被认为包含着如下一些典型实践：选拔性地招聘（selective recruitment）、有竞争力的工资（competitive salary）、与绩效挂钩的奖励性报酬（performance-based reward）、员工持股计划（employment-based equity）、信息共享（information share）、参与和授权（participation and empowerment）、自我管理团队（self-management team）、职位轮换及全面发展培训（rotation and extensive training）、去层级化（reduce hierarchy）、长期雇佣与内部晋升（long-term internal career）、保障雇佣安全性（employment security）、解雇持续低绩效者（fire low-performer）等。一些代表性的企业组织大样本实证研究发现[②]，当企业采用承诺型人力资源模式的程度每提高一个标准差，可以使企业人员流动率降低 7.05%，使企业人均销售额增加 27044 美元、人均市值增加 18641 美元、人均利润增加 3814 美元。

――――――――――

　　① Walton R E. From control to commitment in the workplace[J]. Harvard Business Review, 1985, 63(2):77-84.

　　Pfeffer, & Jeffrey. People, capability and competitive success[J]. Management Development Review, 1995, 8(5): 6-10.

　　② Huselid M A. The Impact of Human Resource Management Practices on Turnover, Productivity, And Corporate Financial Performance[J]. Academy of Management Journal, 1995, 38(3):635-672.

战略性匹配与权变

尽管实证证据证明了承诺型人力资源管理模式对企业绩效的普遍积极作用，但在现实经营管理实践中，其实并不存在放之四海而皆准的某套最佳实践，管理机制安的有效性往往更来自与企业内外部环境等因素的权变匹配，所谓没有普适的最佳实践（Best practices），只有最佳匹配（Best fit）。战略人力资源管理的权变论（Contingent view）则基于这一基本逻辑[①]，强调人力资源管理的机制安排不仅应匹配企业外部的环境特征，尤其要匹配企业的战略形态和文化价值观导向等内部前提因素。如下表4-1所示，当企业的基本战略形态不同时，其人力资源管理模式机制也应做相应的匹配性安排。

表4-1 与不同典型战略形态相匹配的人力资源机制特征

企业战略	一般组织特点	人力资源管理机制特点
成本领先战略	持续的资本投资、严密的监督员工、严格的成本控制、结构化的组织和责任、产品设计是以制造上的便利为原则	有效率的生产、明确的工作说明书、详细的工作规划、强调具有技术上的资格证明与技能、强调与工作有关的特定培训、强调以工作为基础的薪酬、使用绩效评估当作控制的机制
差异化战略	营销能力强、产品的策划与设计、基础研究能力强、公司以质量或科技领先著称、公司的环境可吸引高技能的员工	强调创新和弹性、工作类别广、松散的工作规划、外部招聘、团队基础的培训、强调以个人为基础的薪酬、使用绩效评估为发展工具
聚焦化战略	结合了成本领先战略和差异化战略组织特点	结合上述特点

---

① Strategic human resources management: Linking the people with the strategic needs of the business[J]. Organizational Dynamics, 1992, 21(1):18-32.

Jackson S E, Schuler R S. Understanding Human Resource Management in the Context of Organizations and their Environments[J]. Annual Review of Psychology, 1995, 46(1):237-264.

深入到人力资源管理的各专业功能模块中去看，各功能模块也有其典型的建设安排导向，如下表4-2所示。企业也应结合企业战略的要求，在各 HRM 功能模块设计时选择相匹配的功能安排。

表4-2　HRM各功能模块设计的典型导向选择

工作基础设计：	**人力资源规划：**
强调工作描述VS.强调工作规范	关注需求面VS.关注供给面
职责具体化VS.职责丰富化	关注静态存量VS.关注动态流量
权限边界清晰VS.授权自主参与	关注当期使用VS.关注长期储备
测评甄选：	**培训开发：**
强调专业知识技能VS.强调通用素质	强调组织需求VS.强调个人发展需求
强调经验资历VS.强调潜能	专业性培训VS.通用性培训
同质化导向VS.多样化导向	零散式培训VS.持续性培训
严格测评VS.非正式测评	内部培训资源开发VS.市场培训资源外包
绩效考核：	**薪酬管理：**
单维指标VS.多维指标	基于职位VS.基于人（资历或能力）
指标等权VS.指标非等权	内部公平性VS.外部竞争性
基于前设目标VS.基于工作事实	个体激励VS.团队分享
关注任务结果VS.关注能力提升和行为优化	短期激励VS.长期激励
例行性考核VS.动态考核（项目考核）	货币激励VS.内在激励
个人绩效VS.团队绩效	薪酬公开性VS.薪酬保密性
单角度考核VS.多角度考核	激励动态性和风险性VS.收入稳定性和保障性
正式的反馈与申诉VS.非正式的反馈与申诉	福利的保健性和普惠性VS.福利的激励性和特惠性
职业生涯设计：	**劳动关系建设：**
职位等级晋升VS.能力序列进阶	长期雇佣VS.短期（临时）聘用
单路径VS.多路径	正式的劳动关系VS.多样化的劳务关系
外部发展VS.内部发展	个体劳动关系VS.集体劳动关系
常规性发展VS.突破式提升	合作型劳动关系VS.博弈型劳动关系

当然，除了匹配企业战略的基本要求之外，人力资源管理模式与机制可以权变地，去匹配企业文化价值观导向、业务发展阶段、组织生命周期等各种前提维度。如果说最佳实践过于框定一些标准机制，那么对应来看，权变视角下的机制安排虽然强调了具体性和灵活性，

但似乎也缺乏模式化的系统。

尤其，权变的逻辑往往只是在不同条件前提下，在对立性的人力资源模式之间进行配适性地取舍选择（如承诺型模式匹配创新导向的战略、控制型模式则匹配成本导向的战略等）。实际上，如前文所述，组织内部的人力资本具有异质性，当针对不同价值定位的人力资本采用不同的人力资源管理模式时，这往往意味着不同模式之间的关系，并非总是非此即彼的权变取舍关系，而可以在差异化的多种管理模式中，进行兼容整合的制度创新。

人力资本管理模式差异化：4-C 模型

中国经济体制的转型和管理实践的快速变革，使我国企业成为各种管理模式汇聚和演变的大舞台，这为从差异化视角来分析中国企业人力资源管理的模式有效性问题提供了丰富的实践基础和理论探索的契机。

首先从总体的现象观察上看，一方面随着我国经济开发程度的增强，企业的管理制度开始迅速与当前国际化的管理原则和技术接轨，一些通用性的 HRM 实践已在较大程度上为各类企业所引进和应用。但另一方面，一些具有制度依赖性和文化习惯性的情境因素对我国企业的 HRM 实践产生着重要的影响，特别是渐进式的宏观体制转型和微观层面发展变革的加速，使得组织的制度建设体现出新老实践交融、外来的和内生的模式相结合的特点。如本土企业在学习构建所谓现代制度的过程中，一些传统的做法也同时存在并发挥着相应的作用；在华跨国公司在向我国机构输出其标准化管理模式的同时，也越来越注重对本土因素的吸收和适变，这些都使得所谓中国式的人力资源管理很难以某一种典型模式来概括，而是具有多种模式相互杂糅的特征。

其次从实证证据上看，西方的 HRM"最佳实践"对我国企业的有效性也是有限的。近年来一些实证研究检验了西方文献中的承诺型人力资源管理系统对我国企业绩效的影响效果，不同的研究得出了不尽相同的结论：有的发现了两者之间显著的积极关系，有的发现其相互关系是微弱的或局部性的，有的则并未得出显著的影响关系。尽管这些结论的不一致性可能受到各研究在抽样、工具方法选择等方面差异的影响，但总体上可以看到，中国企业人力资源管理的有效性并不能够通过一套高绩效工作系统而获得稳健的解释。

最后，基于 HRM 差异化视角本身的理论逻辑，组织内部多样化的战略能力、人力资本异质属性和职位重要性等是影响 HRM 差异化的重要因素，而我国企业在变革中其组织内部的亚结构恰恰具备很强的多样性特征。从战略能力的线索来看，随着我国经济的高速发展和竞争的日益加剧，企业构筑其竞争优势的过程也呈现出加速和压缩的状态，这意味着我国企业既要持续完善基础制度建设、提高运行效率；又要着力提升管理机制的柔性、强化企业的创新能力。为了兼顾效率和创新等战略能力，企业的 HRM 机制也就需要兼具控制和柔性等多种特征，而非简单化地择一取舍。同样，从人力资本异质性的线索来看，随着我国劳动力市场活力的增强，企业的员工构成也具有更高的多样性，所谓老人与新人、国际人才与本土人才、核心骨干和外包劳务等都在组织中发挥着相应的作用，有针对性地采取不同的 HRM 模式并注意相互之间的协同，既有利于各类人才各尽所能、各得其所，也有利于促进人才总体结构的优化。可见，人力资源管理多模式的整合并举，不仅是转型背景下一种现象上的企业管理实践，也是我国企业同步推进各项能力建设的必然要求和有效方式。

我们以组织战略的"创新 / 长期 / 人力资本导向""效率 / 当期 / 工作任务导向"为纵向维度，以人力资本配置方式的"内部化"和"外部化"为横向维度，将四种典型的人力资源管理模式（4C）概括为如下图 4-1 所示的矩阵：

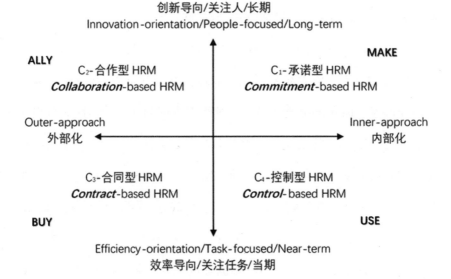

图4-1　4C典型的人力资本管理模式

承诺型管理模式（Commitment-based HRM）——早期是作为控制模式的对立面而提出的，它倾向于实施内部化的长期雇用、强调人力投资和员工参与、注重工作授权和制度的灵活性，因而被认为有利于提高员工的忠诚感、内驱力和组织的适应性，被认为适合于保留和激发组织的创造性人力资本，有利于企业的灵活创新。这种模式也可称之为"Make（开发）"模式，即企业注重对内部知识密集、创新含量的人力资本进行长期培育、塑造和激发。

在当前竞争环境动态性加剧的情况下，承诺型模式近年来为人们所强调，其涉及的实践项目往往具备"高承诺／高参与／高绩效工作系统"的主要特征，包括丰富化的工作设计、工作轮换、基于价值观和潜力进行人员甄选、基于业绩和能力的内部晋升、广泛的培训、自我管理的问题解决团队、正式的信息分享、员工申诉和员工参与机制、结果导向的绩效考核、基于团队绩效的激励性报酬、基于能力的报酬、相对平均化的报酬水平、长期的就业保障等方面。

控制型管理模式（Control-based HRM）——延承自早期的科学管理原则，强调对工作流程和内容进行严格的设计与界定、以实现当期的工作效率和任务绩效为主要目的。该模式通常适用于例行性和服从性较强的职位和支持性的人力资本。这种模式也可称之为"Use（使用）"模式，企业对这些通用性、非稀缺的人力资本，更多强调按照市场交易原则进行直接使用，而无须进行更多的人力资本投资。

其主要的实践项目包括标准化的工作界定、基于职位等级的服从关系、侧重以工作经验进行甄选、关注当期工作效率、基于过程监控和量化导向的考核、有限的专业培训、基于职位的工资、基于职位等级的职业生涯、对冗员／低效率员工果断地进行辞退等。

在西方的理论语境里，相对于强调授权和参与的承诺模式而言，服从导向的控制型HRM模式被认为具有传统性，甚至带有过时的意味。然而，对于正在进行基础制度和流程建设的我国企业而言，控制型模式仍是需要补上的基础课。特别是对从旧体制中转型为现代公司的企业组织而言，控制型模式对完善组织内的标准化流程和工作体系仍具有积极的基础性意义。另一方面，尽管该模式通过严格的过程控制有利于保证工作场所中的日常效率，但其生硬、机械的特点往往招到批评。在人力资源管理上一味以成本最小化和效率最大化为原则也很可能导致"控制过度"，从而出现诸如重使用轻培养、员工职业倦怠、工作生活失衡、"血汗"生产、甚至过劳等负面情况，这显然不利于企业人力资本的长期积累和持续发展。因此，我国企业既要建立完善程序化、规范化的管理控制流程，又要避免过度控制带来的非人性化后果。

外包型管理模式（Contract-based HRM）——主要指采用外包（合同）的方式来购买所需的人力资源，也被称之为"Buy（购买）"模式，以满足短期的业务需要。一般来说外包模式多应用于具有周期弹性、例行性和辅助性的工作，通过经济性的劳务合同化解劳动关系的长期性和雇佣成本的刚性，提高人力资源雇佣的弹性，从而有利于提高组织在生产周期上的当期效率和对市场周期性变化的适应性。

该模式所涉及的实践项目主要包括采取外包合同获取人力资源、临时性的雇佣、简单的工作界定、标准化的训练、效率和服从导向的管理控制、关注即时的工作绩效、市场化的工资水平等。

在我国产业多以劳动密集型为主且劳动力资源供给丰富的背景下，劳务派遣、岗位外包，尤其是基于平台化模式的各种灵活用工方式近年来获得了快速的发展。在宏观层面这符合我国鼓励灵活就业的政策，有利于促进（再）就业，在组织层面也有利于企业获得雇用弹性、节省劳动成本。但同时，由弹性用工可能带来的诸如"同工不同酬"等不良现象也经常发生，同时也增加了劳动关系的复杂性，在法律规制不完善的情况下，容易出现用人单位与代理机构同时推脱和规避相应的雇佣义务的情况，从而可能使弹性化员工的权益受损。我国从《劳动合同法》开始至当前，也一直在强化和优化对灵活用工模式的规范，对灵活就业人员的权益提供相应的法律法规保护。企业在采取各种灵活化、外包化模式实现其弹性和成本优势的同时，也须以新的法律规范为底线切实保护灵活工作者的正当权益。

合作型管理模式（Collaboration-based HRM）——即指通过联结与合作整合利用组织外部的人力资源来为企业创造价值的方式，也可成为"Ally（联合）"模式。该模式涉及的实践项目主要包括以灵活方式聘用外部机构的顾问资源、设计和推动合作交流项目、通过合作吸纳优秀人、评估专业能力以外的合作能力、整合外部资源进行人力资源开发、基于合作成效进行收益分享等。组织的内部知识总是有限的，通过与外部伙伴的联合（如大学科研单位、商业咨询机构、法律顾问、投资银行等），可以提高和扩大组织的知识积累和社会资本，特别是长期性的合作关系将更有利于组织的持续创新和绩效改进。

在当前我国企业亟待强化创新驱动能力的背景下，积极通过合作型模式来促进产学研之间的联动，推动创新伙伴网络生态的建设是十分重要的。我国重视社会网络关系的文化背景，也为实施合作模式，特别是发挥社会资本和"关系"等的传导作用，提供了有利条件。此外，对外合作的模式也可作为对内承诺模式的一种有益补充，用以弥补承诺模式过于依赖内部化的缺陷，并通过整合内外部资源共同促进企业的创新。

差异化模式兼容创新

在经济转型和动态环境的背景下，社会制度包括组织层面的管理制度往往被认为具有二元性（ambidexterity）的典型特征，即一些历史性的制度实践与变革过程中引进或内生的新制度之间，存在着交错相容、同时并存的特征。我国经济体制的转型和经济开放程度的深化，使得变革中的中国企业成为各种（人力资源）管理实践和模式施展、汇聚与融合的大舞台，这为从人力资源管理差异化视角来解释和检验中国企业人力资源管理多模式兼容的有效性问题，提供了更加丰富的实践基础。特别是渐进式的宏观经济体制转型和微观层面企业变革的加速，使得组织的制度建设体现出新老实践交融、外来的和内生的模式相结合的特点。

从 20 世纪 50 年代中后期开始的，以由传统计划经济向社会主义市场经济转型为目标的中国经济体制改革，经历了"行政性分权（1958—1978 年）""增量改革（1979—1993 年）"和"整体推进（1994年至今）"三个基本阶段以来，市场经济体制的主体地位逐步得到确立和强化：高度集中的经济资源配置模式被市场机制所取代，各种经济要素的定价机制也相应地由行政定价向市场定价转变，并且更加趋向于灵活和开放；过去以重工业为主导的产业建设模式被产业结构多元、优化发展的导向所取代；过去国有经济一统天下的格局已被多种经济成分竞相发展的结构所打破；包括国有企业、民营企业和外资、合资企业在内的各类微观经营主体的经营动力也得以重塑和激活等，这些在经济体制、产业结构、企业经营机制等方面的重大变革，都推动了中国劳动就业体制的发展、劳动力市场功能的发育以及企业组织人力资源管理实践的转型和丰富发展。

在计划经济时期，劳动力要素的配置是由政府按照产业或地区的优先建设次序进行统筹调配的人力配置模式，即由国家统筹规划、"统包统配"的就业模式。相应地，作为经济生产"单位"的企业组织，实质上并没有实质上的人事管理的自主权，而是作为完成国家就业（招工）指标、执行国家工资标准的组织而存在，其人事管理制度也主要是借鉴苏联的经验，实施以"三铁（three irons）"为典型特征的人事管理模式，通过稳定的终身就业制度（"铁饭碗/iron bowl"）、平均主义且缓慢增长的工资制度（"铁工资/iron wage"），以及企业管理干部或技术人员基于资历在相应岗位上的长期任职制度（"铁交椅/iron chair"），来三位一体地支撑国家统筹安排就业、分配平均主义和长期高福利保障的劳动管理模式。也就是说，国家统筹配置的劳动就业模式与组织层面的"三铁"人事管理模式，构成了我国在计划时期人力资源管理制度的典型形态。

但市场经济的发展对劳动力要素的配置和管理效率提出了直接且迫切的要求，这驱动了中国劳动力市场的发育和成型，使得国家层面"统包统配"的就业配置模式逐步被市场化的人力资源供需匹配机制所取代；组织层面对"三铁"人事管理模式的改革也于20世纪80年代初全面启动。然而，20世纪七八十年代日本经济的快速增长打破了二战以来美国经济和所谓美国管理模式在世界上的绝对强势地位，使得包括美国在内的多个经济地区掀起一股研究和学习日本企业管理模式的风潮。

特别是对于中国而言，与日本同作为东方国家被认为具有比较相似的社会和人际文化背景，而且所谓日本管理模式中强调终身雇佣、年功序列工资、关注员工对企业组织的忠诚以及家长式的权威服从等特征，与我国计划时期"三铁"模式的一些实践特征也具有一定的相似性，这便使得我国企业在学习日本模式的过程中，习惯性地保持了其内部化、长期保障以及权威导向的人事管理模式，从而使得"破三铁"的改革和向日本模式学习的实践成为一种形式上的改良。因此，我国计划时期高保障和权威化的雇佣和人事管理模式仍在一定范围内存在并产生着相应的效应。

自20世纪80年代中后期到90年代以来，美国持续成为全球经济实力的绝对领先者，特别是随着其跨国公司在世界范围内的快速扩张，使得美国式的管理再次成为现代企业管理的标杆。我国企业自20世纪90年代以来进行的所谓建立现在企业制度的改革也大多是与以美国为代表的西方主流模式相接轨，在人力资源管理制度的建设方面亦是如此。如一项就中国企业和员工对美国和日本管理模式的接受程度的对比研究发现，中国企业已经显著地倾向于强化在人员雇佣上的市场交易导向、加强人员之间的竞争和内外流动、严格明确对员工的工作绩效进行监控评估等美国式的、"标准化的控制机制（standard control mechanism）"。

可见，在经济体制转型的过程中，我国企业组织其实在以自身的方式和语境从外部（包括美国和日本）不断学习和引进各种人力资源管理的理念、举措和技术；同时一些具有制度依赖性和文化习惯性的人力资源管理实践仍在一定程度上存在并发挥着相应的作用，转型过程中中国企业人的人力资源管理模式更多是一种介于"纯粹三铁模式"和"纯粹西方模式"之间的混合状态。对于在华的跨国公司及各类有外资背景的企业组织而言，它们在向我国输出其标准化管理模式的同时，也越来越注重对本土因素的吸收和适变，而且在不同所有制企业之间并不存在人力资源管理模式上的绝对差别。这些都说明我国企业的人力资源管理的制度演进一直处于一种新老实践、内生与外来模式相互交融的过程，因此在当前及未来一段时间内，所谓"中国特色"的人力资源管理模式其实是一种多模式的混合状态，具有多样化模式相互杂糅兼容的特征①。

---

① 周禹，曾湘泉.人力资源管理差异化：理论模式与中国实践 [J].经济与管理研究，2008（10）：54-59.

Zhou Y U, Hong Y, Liu J. Internal Commitment or External Collaboration? The Impact of Human Resource Management Systems on Firm Innovation and Performance[J]. Human Resource Management, 2013, 52(2):263-288.

当前，在我国企业的管理实践中，承诺、合作、控制和外包四种典型的 HRM 模式都在相应范围内获得了应用，每一种典型模式也都体现出各自不同的生效特征：其中承诺型模式有利于激发知识密集型员工的主动性和创造力，进而有利于组织的创新，但如果承诺过度则可能带来的组织官僚化和低效率的风险；合作型 HRM 模式有利于组织整合外部人才资源为我所用，积累社会资本从而实现创新和高绩效；控制型模式有利于组织获得运营效率、降低成本，这对我国企业具有积极的基础性意义，但如果控制过度则可能损害人力资本的积累而不利于组织的持续发展；外包合同模式有利于组织获得雇用弹性降低成本，但应加强有关规制来保护外包或灵活作业员工的合法权益。

在实证证据上，时至当前，仍是周禹（2009）的研究[1]基于两百多家中国企业的规模样本，对中国企业人力资源管理多模式兼容的有效性进行了实证检验。

一方面，其研究首先以承诺型和控制型人力资源模式为自变量，检验了单一模式的过度化应用可能对企业绩效带来"过犹不及"的影响。实证结果如下图 4-2 所示，实线和虚线分别表示对承诺型与控制型人力资源管理模式进行单一模式应用时，对企业绩效产生的影响关系。两者都显示，随着单一模式施用程度的提高，其对企业绩效的影响将呈现出先升后降的抛物线关系，特别是在单一模式的实施程度在高于均值 4 个标准差级以上的水平时，其对企业绩效就开始呈消极影

---

[1]　周禹，曾湘泉．人力资源管理差异化：理论模式与中国实践 [J]．经济与管理研究，2008（10）：54-59.

响。而且，承诺型模式抛物线的开口要略大于控制型模式的抛物线开口，这体现在趋势上则可以观察到：在两种模式实施程度较低的时候，控制性模式对企业绩效的积极作用会比承诺型模式更明显，如图中在自变量水平较低部分，代表控制型模式的虚线，位于代表承诺型模式的实线的上端；但是当实施程度逐步提高，承诺型模式的有效性就会更加持久，而且其有效性比控制型模式衰减得更慢，如图中自变量水平较高部分实线位于虚线的上端。也就是说，承诺型和控制型人力资源管理模式对企业绩效都具有倒 U 型的抛物线影响关系，相对来说，控制型模式的效力更容易在实施程度不高的初期立竿见影地显现出来，但是随着实施程度的提高其"边际有效性"衰减得也较明显；承诺型模式虽然在实施程度不高的初期对企业绩效的促进作用相对于控制型模式而言略弱，但是其"边际有效性"随着实施程度提高而递减的趋势相对控制型模式也较弱，即具有相对较好的效力持续性。两者中任何一种模式的单一过度应用，都会对绩效带来过犹不及的影响。

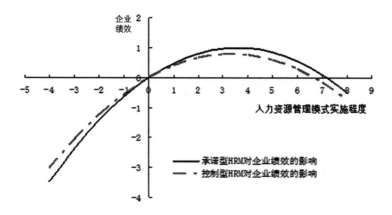

图4-2　承诺型、控制型模式单一使用对企业绩效的影响效果

另一方面，该研究还综合了承诺型、控制性、外包型以及合作型这四种典型模式，构建和计量了中国企业人力资源管理"模式差异化兼容指数（Hybrid index of HRM differentiation）"，并检验了该指数对企业绩效的影响，发现模式兼容指数不仅对中国企业绩效的正向影响是显著的，而且可以解释中国企业绩效 23.5% 左右的增长变动。

总之，转型升级过程中的中国企业，应避免模式应用上的单一化取舍和过犹不及，仅仅按照传统权变理论在创新战略下选择承诺模式或者在成本领先战略下选择控制模式是不够的，应注意发挥各个模式之间的协同效应。为了同步推进企业创新和效率等战略能力的建设，承诺与合作、控制与外包等 HRM 模式应兼容并举、共同发力，创造出以差异化模式协同推进企业竞争优势的中国人力资源管理样式。

第五章
激发人力资本创造性价值

在以科学技术作为第一生产力的知识经济时代，"创新"已成为现代社会经济发展、产业结构升级和企业竞争力提升的最重要驱动力。承载知识和智能的人力资本，是创新的第一资本。创造增值、分享增值，也是人力资本价值实现的最本质逻辑。人力资本掌握创新创造主导权，创造价值增值、担当创新风险，进而享有分享增值与剩余的产权权益。尤其在当今，科技竞争力日益成为国际竞争、产业企业升级的关键能力，我国企业更是亟待通过组织与管理机制的突破，来激发激活人力资本的创造力。

人力资本创造力

有关人的创造力，基础研究主要是从心理学视角展开的。吉尔福特（Guilford）在就任美国心理学会（The American Psychological Association，简称 APA）主席（1950）的就职演说明确提醒心理学家们应该关注一个长期被忽视却十分重要的品质，即创造力。到了 20 世纪 90 年代末，如斯滕伯格（Sternberg）和洛巴特（Lubart）（1998）所言，有关创造力的研究历来是心理学界的一个孤儿，仍未成为心理学研究的主流课题。大多数有关创造力的研究是从心理学的其他主题视角来展开的。如下表5-1所示：

表5-1 心理学有关创造力的主要研究视角和结论

研究视角	主要研究者和结论
思维特征的角度	吉尔福特（1950）和托伦斯（Torrance）（1974）从思维的角度来研究和测量创造力（如UUT和TTCT测验），"发散性思维"被认为是创造性的主要内涵。
认知过程的角度	从认知的角度来研究创造心理的表征和发生过程。芬克（Finke），沃德（Ward）和史密斯（Smith）（1992）等提出创造性心理的生成探索模型（geneplore model），提出创造性思维的两个主要加工过程。
人格特征的角度	阿马比尔（Amabile）（1993）；巴伦（Barron）（1968，1981）；艾森克（Eysenck）（1993）；高夫（Gough）（1979）；麦金农（Mackinnon）（1965）；达西（Dacey）和列侬（Lennon）（1991）等，关注与创造力显著相关的人格特征。一些典型的创造性人格被认为包括了：判断的独立性、对不确定性的容忍、自信心、毅力、被复杂问题所吸引、想象力丰富、美学导向和冒险性等。
动机角度	阿马比尔（Amabile）（1983）提出动机影响创造力的双歧（two-pronged）假设："内部动机对创造力有利，而外部动机对创造力有害"。巴伦（Barron）（1963）提出对秩序的需求和麦克莱兰（McCllelland）等人（1953）提出的成就动机也被认为对创造力和创造性任务的绩效都有着关联。
与知识相关的角度	早期观点（James, 1880, 1908）指出知识和创造之间的关系非常松散，并可能会产生束缚而损害创造力；凯斯特勒（1964）等研究者也都从"破旧立新"的角度认为创造性产品一定是独立于创造者的知识或过去经验而得到发展的，创造即要超出知识的各种边界。 塞蒙顿（Simonton）（1984）的研究指出创造力和知识（以教育水平来衡量）呈现出"倒U"型曲线的关系，拥有中等程度的知识与最高的创造力最可能同时发生。 哈耶斯（Hayers）（1989）的研究发现了著名的"十年规则"，即创造性天才都经历过长期的悉心钻研和"刻意练习"。 韦斯伯格（Weisberg）（1999）在对创造力和知识的关系中总结道：对于创造性成就而言，知识只是必要条件而非充分条件。
与智力相关的角度	斯滕伯格（Sternberg）和奥哈拉（O'Hara）指出心理学家们在两者关系的本质上并未达成一致，并总结出两者关系的五种研究观点，但也给出了一些基本得到共识的结论：如具有创造力的人IQ值一般都高于平均水平；对IQ值在120以上的人而言，IQ对创造力的作用不像IQ在120以下那样明显；极高的IQ可能有损创造力；IQ与创造力之间的相关程度差别较大。
环境的角度	塞蒙顿（Simonton）（1984，1988，1994）研究了包括文化多样性、战争、英雄榜样作用、资源的支持程度、同领域竞争者数量等环境变量对创造力的影响。 路巴特（Lubart）（1990）的跨文化比较研究和马杜洛（Maduro）（1976）与西维尔（Silver）（1981）的人类学个案研究，都支持文化变量对创造性事业有着重要影响。

有关人的创造力尚未形成统一的范式。一些概念层面的争论依然存在，如创造力是人的属性，还是过程属性？创造力是少数天才特有的，还是人皆可有的？创造力是一种通用性的能力，还是需要和具体的情境相关联等。尽管存在争论，但对"创造力"的基本概念还是形成了一种广受认同的定义，即：创造力是一种提出或产出具有新颖性（即独创性）和有用性（即适合特定需要）的工作成果的能力[①]。这个概念强调了创造力的"独创性"和"效用性"这两个核心内涵，并以"能力"为落脚点。简单来说，创造力即是一种具有高独特性且能够产生实际效果的能力。

同时，人们开始将创造力作为一种整合性的心智能力。典型如"组成成分理论[②]"给出了创造力构成的三个方面，即专业技能（expertise）、与创造性有关的技能（creativity-related skills）和任务动机（task

① Lubart, 1994; Ochse, 1990; Sternberg, 1998a; Sternberg & Lubart, 1991, 1995, 1996

Lubart, Todd I . Thinking and Problem Solving || Creativity[J]. 1994:289-332.

Ochse R , Cambridge University Press (CUP). Before the gates of excellence: the determinants of creative genius[J]. Society, 1990.

Sternberg R J , Kaufman J C . Human abilities[J]. Annual Review of Psychology, 1998.

Sternberg R J , Lu Ba Rt T I . An Investment Theory of Creativity and Its Development[J]. Human Development, 1991, 34(1):1-31.

Lubart T I , Sternberg R J . An investment approach to creativity: Theory and data. 1995.

Sternberg R , Lubart T . Defying the Crowd: Cultivating Creativity in a Culture of Conformity[J]. American Journal of Psychotherapy, 1996, 50.

② Amabile T M. The social psychology of creativity: A componential definition[J]. Journal of Personality and Social Psychology, 1983, 45:356-357.

motivation），该理论认为创造力水平高低取决于这三者的相互联系作用的结果，并提出了创造力实现过程的五个阶段。也有研究者提出一个整合了文化专业、社会领域和个人背景的创造力系统观[①]，指出是社会而不是个人使创造力显现出来。再如"创造力投资理论[②]"，则将智力能力、知识、思维风格、个性特征、动机和环境这六种因素进行了整合，并设计出六种因素通过相互作用来生成（某领域内）创造能力、创造观念组合和创造性产品的机理。

这些综合性的视角不仅给创造力的研究提供了更加广阔的空间，并使人们更加关注"如何产生、开发和发挥创造力"的问题，这在很大程度上促进了从管理学视角对创造力开发的研究和实践。

驱动创新的基础性管理机制

实际上，如何通过组织和人才管理机制去驱动激发人力资本的创造力，比创造力本身是什么的问题，更具有管理的现实意义。基于对全球标杆企业创新管理实践的研究，从人才管理促进创新的角度，我们将一些有效实践概括为如下若干方面：

第一，基于企业创新战略形态，树立相匹配的人才管理导向。组织的"创新"并非抽象概念而具有其具体的行动模式。我们将组织的

[①] Csikszentmihalyi, Mihaly. Motivation and creativity: Toward a synthesis of structural and energistic approaches to cognition[J]. New Ideas in Psychology, 1988, 6(2):159-176.

[②] Sternberg R J, Lu Ba Rt T I. An Investment Theory of Creativity and Its Development[J]. Human Development, 1991, 34(1):1-31.

创新战略划分为三种基本模式，并给出了与各模式相匹配的人力资源管理的基本导向，如下表5-2所示：

表5-2　组织创新战略的三种基本模式及匹配的HRM导向

	想象突破型	协同驱动型	持续改进型
基本特点	强调对现实状态的突破式超越和变革；可以没有具体的目标做先导，而是基于敏锐的洞察、突发的创意和积极的探索去开拓和占领别人尚未意识到的"蓝海"；实现从"0"到"1"的首善式突破。	一般有相对明确的目标做先导，在该目标导向下尽可能从组织内、外获取和整合各类有利资源，让其相互协同、整合而产生有效的"化合反应"，为我所用，推动目标的实现或新目标的树立。	强调对既定流程和工作的持续优化和改进，在相对稳定的进程中，逐步地不断升级质量标准、绩效目标及运行效率；实现持续的线性改进和增长。
相匹配的HRM导向	强调激发人力资源的创新活力与主动性，鼓励突发奇想，并在一定程度上允许犯错误。人力资源管理方式具有较强的动态性和多样性。	强调通过灵活方式从组织外部吸引或利用各类所需人才，将外部智力为我所用；同时强调内部的有效交流与互动。	强调在日常管理过程中绩效的持续改进，逐步实现量变到质变。人力资源管理方式具有较强的稳定性和一致性。

作为企业的战略合作伙伴，人力资源部门可以积极参与组织创新战略的建设决策，并将创新模式的要求纳入人力资源战略的设计之中，通过各项人力资源管理功能的建设来传导和落实组织的创新战略。

第二，塑造有利于创新的包容性、激发性的组织文化氛围。组织的价值观和文化氛围对员工的行为模式有着显著的影响力。进行创新的组织除了设计明确的创新战略模式之外，也必须在组织氛围上实现"软着陆"。组织的创新文化通常具备如下的七个特征：（1）强调员工的目标认同感和责任感；（2）激发员工的工作主动性和自主性；（3）鼓励冒险和变革，并能够容忍错误；（4）提倡开放性的沟通和参与，欢迎来自员工的创意和建议；（5）强化组织和员工的学习；（6）建设团队精神及合作互信的工作关系；（7）对变革和员工的创新行为进行及时奖励。人力资源部门应与业务部门一起，有意识地塑造创新性的组织文化。

第三，推动组织流程的灵活化设计，建设自主驱动性的创新团队。组织躯体的灵活性和经络通畅，能够为其有效创新提供结构性保障。人力资源管理功能可从三个方面来发力：其一，进行部门职责设置时，不仅要明确该部门本身的业务功能，而且要特别关注部门之间的职责接口和横向联系，使组织的整体流程更加通畅。特别是可以通过设计强度适当的矩阵结构和项目式的工作机制，来强化各部门之间的互动。一些企业中出现的研发和销售互不买账的情况就是在横向流程的衔接上出了问题。其二，通过适当授权、树立专业权威（而非官僚权威）和成员的多样化组合，职能部门、研发团队、销售团队及项目组等都可以成为具有创新活力的自我管理团队。其三，提出建议建设专门的创新管理部门。包括 3M、HP、Nokia 等在内的世界级公司都在研发部门之外设有独立的创新管理单元，其功能通常包括对各种创意进行收集、管理和研究，策划创新项目，推动创新决策并组织实施，对创新成果进行评估，提供内部咨询服务等。人力资源部门可以积极推动和参与专门创新管理平台的建设。

第四，在人才聘任上平衡"一个模子"与"多样化"。一方面，在人员聘用时组织越来越强调人才对组织的认同性和匹配性，如 GE 公司"基于价值观的招聘"原则即强调 GE 员工都需具备组织所要求的共同理念和行为特征。另一方面，从人才个体本身具备的独特个性和专业能力的角度来看，多样化的人员构成则更有利于促进各类人才之间产生"化合反应"，在相互的影响作用下驱动创新的生成。其实这两个方面并不矛盾，在进行人员聘任时，以下两个原则是值得明确树立的：其一，在价值理念上统一，在个性特征上互补。已经有研究证明，由于个性特征的差异而引起的合理冲突或者有效匹配，都能够促进群体活力而有利于创新。其二，在绩效导向上统一，在职业能力上互补。在绩效目标一致的基础上，强调人员职业能力的专业化和相互匹配。组织里不可能也没有必要全是通才，人才个体的能力复合化其效力并不如基于个体专业化而形成组织整体能力的复合化。特别是对于我国企业而言，在强调复合型人才之前更应该关注人才职业化能力的建设。总之，把握这两个原则将有利于实现"和而不同"的最佳效果。

第五，对知识密集的人力资本提供丰富化的工作设计和探索性的发挥空间。对于组织内部具有持续高绩效和较大发展潜力的知识型人员，应为其提供丰富化的工作设计。其一，避免以严格的工作任务条目来框定他们的工作内容，让其具有一定的工作自主性。3M 公司对技术人员工作设计的"15% 规则"是非常典型的例子，它鼓励每个技术人员可用不超过 15% 的时间去完全按照个人兴趣来进行研发工作，而无论这些方案是否直接有利于公司，最终它极大地激发了人员的创造力和创新绩效。其二，使工作具有适当的难度和复杂性，通过挑战性的压力来激发人员的创造力。有研究表明，由工作量负荷过大而产生的工作压力对人员的创造力有负面影响，而由于工作的挑战性带来的压力却有利于促进员工创新。其三，设计多元的工作发展渠道，如多通道的职业生涯设计、轮岗制度和项目的申报与参与机制等，都有利于人员在工作中持续创新。

第六，开发专门的创造力模型并展开相应培训发展计划。虽然有关"创造力"的心理学基础研究，至今尚未形成学术意义上的创造力的统一范式，但是在管理实践意义上，可以参照业已流行的"胜任力模型"方法，探索性地构建核心员工的"创新能力"模型。概括相关研究，我们将人的创造力划分为三个基本成分，如下表5-3所示：

表5-3　人力资源创新能力的三个基本成分

	内生创新素质	专业创新能力	自主创新动机
基本含义	指那些与创造密切相关的内在思维方式（如发散式思维、逆向思维等）和人格特质（如判断的独立性、对不确定性的容忍、自信与毅力、想象力丰富、美学导向和冒险倾向等）。	指在具体专业领域内，通过专业知识、技能和经验的大量积累而产生的提高专业绩效的创造力，即"熟能生巧"。	人员进行创新的主动性、动力和意愿。

对于内生创新素质的开发，管理部门在进行培训规划时，可通过课程外包等方式针对核心员工设计相关的专门课程，对其思维方式等进行启发式和跳跃性的开发。对于专业创新能力，则需要尊重经典的"十年法则"，该原理指出：创造性才能都经历过长期（平均为十年）的悉心钻研和"刻意练习"。即要求组织为重点培养对象提供长期的、系统的、持续的专业性培训。对创新动机的激发则需要综合激励和培训等各方面的功能来实现。

第七，在绩效考核中强化"前后两端"来驱动创新。研究发现为员工专门设定创造性的目标有利于增加其创造性绩效，而过多设立如产品数量等传统性的任务指标则会降低创造性绩效。3M 公司也在这里做出了典范，在其设定的为数不多的组织绩效目标中，一般会要求在每年销售收入中至少有 30% 来自过去四年中所发明的产品。同时，对绩效评价结果做出不同的反馈也会对员工的创造力产生不同影响，给予"发展型反馈"（倾向于积极的，指导性的反馈）比"控制型反馈"（倾向于批评的，要求的反馈）更有利于员工在随后的工作中表现出更高的创造力水平。此外，多数研究也证明当人们预期到工作绩效会被精确严格地评价时，他们的创造力水平会降低。可见，从绩效管理的角度，在前端设定专门的创新绩效目标，在后端进行发展型的绩效反馈，并配合工作自主性的导向适当放松对工作过程的管制，将能够对创新产生积极的促进。

第八，薪酬要素内、外共同发力。如何通过薪酬来激发人员的创造力？是一个一直存在争论的问题。一些经典研究指出内在激励更有利于激发人员的创新动机和自主行动，而过度的、可预知的货币报酬则可能会抵消或转移人们的内部动力，从而削弱其创造力水平；同时另一些结论则强调了货币激励的重要性。实际上，只要运用得当，"内外兼修"的整体报酬将会带来更大的创新促进作用。

在以创新为导向的货币报酬设计中，首先应特别重视激励的长期性，因为创新成果的实现往往需要长期的投入。而且，个人创新成果的知识产权让渡给组织后，其应该得到组织的产权激励。其次要设计绩效奖金的认可放大效应，可在基本工资相对稳定的基础上，强调对重大创新成果的重奖，甚至可以由组织来主动突破事先确立的奖励标准，让创新者得到意想不到的强效激励。再者，创新成果产生后，货币激励要及时到位。

由于创新者通常具有很强的内在成就动机，因此在货币报酬具备基本激励效用的基础上，他们往往更偏好非货币性激励。内部报酬的设计也具有更大的灵活空间，比如树立优秀创新者的典型，给予特别的荣誉和称号；进行组织知识产权的明确认证，以创新者的名字来命名其创造的产品、技术或管理工艺；对有持续贡献的创新成果进行累进式奖励，设定"创新成果纪念日"，每年的这个时候都为创新者发放特别奖金或进行表彰等各种具体的内在激励方式，都可以在实践中进行创新性的设计与运用。

第九，强化组织学习，在组织知识的交互融通中涌现创新。组织学习和知识管理是实现创新的重要基础，它们也将成为组织和人才管理的重要功能。一般来说，可以从三个方面来激活组织的学习能力：

其一，将外部知识内部化。组织应与产业链上的客户机合作伙伴进行积极的沟通与互动，他们是组织进行创新的重要源头。一项对美国国家创新的调查研究发现在 500 项重要的工业创新中，有 3/4 以上的创新来源于用户的建议及用户的直接发明，只有 1/5 的创新源于企业技术人员的新思想。因此人力资源部门在设计交流培训计划时切勿忘记与外部资源的充分互动，让外部知识为我所用。

其二，将内部知识共享化。组织的各个部门都有其独特的内部知识，通过设计部门联席研讨会、头脑风暴例会、内部论坛等方式来促进组织部门之间的相互沟通与知识共享，无疑将有利于相互的启发与创造。同时，还可以基于人力资源培训功能的发展来建设专门的知识管理平台和数据库，对内部知识进行积累。

其三，将个人知识组织化。组织的竞争越来越依赖于人力资源的知识，将个人知识组织化，不仅有利于规避因人才流失而丧失知识优势的风险，更有利于推动组织的知识积累而保持其持续优势。在具体方式上，人力资源部门可以基于内部智力资源来自主研发培训课程和开发内部师资，甚至针对一些独特而稀缺的技能传承设计规范的师承制。此外，可设立专门的员工建议和参与机制，在日本企业盛行的持续改进建议制度（Kaizen Teian）曾对其创新绩效和运营效率优势的实现起到了重要作用；美国劳工部也于1993年将员工参与机制列为人力资源管理的最佳实践之一；我国企业也应积极作为，让我国企业曾实行过的"合理化建议制度"重现活力，不仅用好员工的手脚、更要激活员工的头脑。

第十，塑造直线管理者的创新型领导力。直线管理者在业务一线发挥人员管理的主力军职能，他们本身既是创新的重要主体同时也是员工创新的激励者，这就需要开发和塑造其创新导向的领导力。首先，指导型的领导已被证明对员工的创新有着正向作用。指导型的领导通常扮演"教练"的角色关注与员工的互动并积极为其提供支持和引导，而非一味下达任务或进行权威控制。其次，创业型的领导关注将创业精神传导到员工的血液中去，从而持续激发和保持部门或团队的整体活力，促进团队创新。最后，领导者勇于突破、锐意进取的表率性行动往往能够为激励员工创新带来直接的效力，人力资源部可以将直线管理者的优秀典型树立为标杆，提炼其领导力特征，并在组织中进行推广。

总之，推进组织创新是一项需要各部门有效协同的系统工程。人力资源管理部门在其中，既需要以战略参谋的角色推动组织整体层面的创新管理建设和变革；也需要在其本身的人力资源管理专业职能上强化创新导向；还需要与业务部门一起，让人的创造力在工作中得以潜移默化地开发或出其不意地涌现。

共享共有：激发创造性人力资本的关键机制

如前文所述，创新创造——是人力资本最核心的权能。在知识经济、创新驱动的时代环境下，富含知识和企业家精神的人力资本，在公司治理和经营发展中越来越发挥着主导性作用。

随着人力资本专用性的不断提高，具有知识和企业家精神的人力资本实际上成为公司价值和相关方利益的决定性力量；相对于自由流动的资本，深入嵌入企业核心能力和经营优势能力的人力资本变得更加难以替代。尤其在高度不确定的环境下，人力本持续推进创新创造性工作，更成为驱动企业创新发展、追求长期价值的根本性力量。因而，现代公司治理的机制，也在从资本雇佣劳动，走向知本雇佣资本；从资本所有，走向知本与资本共有。

从资本驱动，走向人力资本创新驱动，使得公司的价值生成机制开始发生根本性的转变，如下图5-1所示。

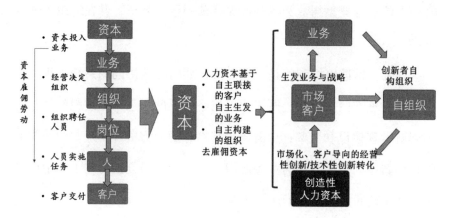

图5-1 公司价值生成的机制转变：从资本驱动到人力资本创新驱动

传统逻辑下资本主导治理、雇佣劳动、完成工作、分配报酬。在人力资本驱动的逻辑下，具有创造性的人力资本主动而敏锐地基于市场和客户需求，创新技术、产品、业务与竞争模式，为支撑业务发展联结志同道合的伙伴、构建自组织（组织是支撑人主动施展去推动业务创新发展的平台，组织是凝聚和发展人的平台手段、而非框定人的结构）。最终，创造性的人力资本基于自主开拓的市场和客户、自主创新生发的业务、自主构建的组织，去雇佣资本、去选择更具匹配性的资本。

需要强调的是，创造性人力资本主导驱动、知本与资本共投共有、提升治理整体均衡性等这些趋势，其关键本质并不在于人力资本与资本之间角色的消长，根本在于促进人力资本与股东及广大相关方形成更具担当合作性、整体均衡性和长期性的更优治理结构，进而能够更好地保障包括股东在内、最广大相关方的价值实现。

更进一步，对于具备掌握创新主导权能、愿意担当创新风险的创造性人力资本而言，传统的报酬分配机制并不能适配其增值创造的驱动力要求。报酬分配是对劳动投入和产出进行等价交换和贡献回报，人力资本的创新创造权能使其具备更高的难以替代性，是支持企业创新和长期发展的核心专用性资产，其价值天然具备产权或所有权属性，创造性人力资本对其创造实现的价值增值，必然应享有相应的增值分享权、剩余所有权。因此，增量类、权益类的共享共有机制，是激发创造性人力资本的关键机制安排。

在管理实践中，相应的共享共有机制主要涉及如下一些制度安排和创新实践：

增量分享类机制

从实践的追溯上看，1794 年美国人阿尔伯特·盖莱汀（A. Gallatin）首次在自己的工厂实施了利润分享制，后来他也被认为是在美国实践"雇员所有制"的开创者。20 世纪初管理学诞生之初，"科学管理"之父泰罗（Frederick Winslow Taylor）就提出了"劳资两利"的思想。1938 年，斯坎伦（Joseph N.Scanlon）最早在钢铁行业成功实施收益分享计划，使众多公司扭亏为盈，后来在工业企业中被广泛应用并被命名为"斯坎伦分享计划"。20 世纪 60 年代以来，随着员工技能的不断提高和知识性工作的广泛出现，利润分享机制在包括福特等领先企业及各类企业都获得了全面的应用。1984 年经济学家魏茨曼（Martin Weitzman）出版代表作《分享经济：用分享制代替工资制》[①]，指出如果绝大多数企业都采取利润分享制而非工资制的分配方式，将

---

① "分享经济/Shared economy"这个概念，最早就是由维茨曼教授在分配和激励的范畴下提出的，与当前基于互联网和资源共享的平台化商业模式等概念是不同的内涵。

实现企业边际平均成本的下降、社会整体更高的就业水平以及消费需求的增长，是解决资本主义滞胀的良方。

在实践中，分享机制中最常见的方式便是利润分享计划，通常是鼓励超出既定利润目标、实现超额利润创造，进而从超额利润中提取一定比例（10%~20%不等），分享给公司的重点激励对象或更广泛的员工，根本上是一种基于增量业绩创造的分享机制。当然，不同企业可能以不同的业绩指标作为关键效标，如收益分享计划（以收入为效标）、成本分享计划（针对成本中心以成本结余作为效标）及经济增加值（Economic Value Added，简称 EVA）分享计划（以 EVA 作为效标）等。在增量分享的基本逻辑下，分享机制的一些具体环节也在不断发展，如将超额分享提取比例动态化、当期分享奖金长期递延化等方式也被广泛应用。特别是递延化分享，随着环境不确定越来越高被更多地应用，将短期分享长期化①。

总之，相对于优先性地固定获得工资，利润分享等计划作为一种增量分享机制，其本质在于让参与分享的人员建立与公司最终利润创造的紧密关联，强调对公司整体业绩的责任担当（而非仅仅是局部单元或个体工作目标的担当）。但是，利润分享类计划仍然属于分配领域一种单项的增量激励机制，激励对象并不需要付出自有资金的投入，进而也不涉及公司所有权层面的发展变化。

---

① 所谓的虚拟股权计划、绩效单元计划、时间单元计划、分红权计划等机制，都不涉及所有权层面的实际投入和获得，本质上都是将利润分享计划进行长期化的一些发展应用。

共投共有机制

相对于以上的利润分享类机制，凡是通过投入自有资金获得权益的分享，便是在所有权层面走向共投共有，具体也包含着多样性的实践，总体而言是涉及股权类的各种机制，本质上讲是基于公司权益的分享机制（Equity-based shared plans）。典型诸如股权类计划、管理层收购（Management buy-out，简称 MBO）计划，以及吸收包括员工集体资本在内的多元资本形成混合所有体制等。

在实践上，1916 年西尔斯·罗巴克（Sears Roebuck）公司首先开始尝试用股票来代替员工的退休金计划。20 世纪二三十年代，著名社会思想家路易斯·凯尔锁（Louis O. Kelso）提出"第二收入计划""混合资本主义"等主张，大力推广员工股权计划，他也被称之为员工持股计划的创始人。从那时起，以给予员工股票为主要标志，美国兴起了所谓的"新资本主义"运动。1958 年，著名哲学家阿德勒（Mortimer. Adler）同凯尔锁（Louis Kelso）一道共同出版了《资本主义宣言》，再次主张企业所有者更全面地开放私有产权，让员工都拥有股份，使广大民众既有劳动收入，又有资本收入。自此，包括员工持股（Employee Stock Ownership Plans，简称 ESOP）、股票期权、限制性股票等各种各样的股权类计划被广泛实践，在公司中被持续应用至今。相对于这些股权类计划主要由是股东主动提供和让渡，经理层收购（MBO）计划则是由经营层集合自有资金、（如以员工持股会、员工集合持股平台等方式）集合更广泛员工的资金或引入同盟资本，主动购入股权达到在产权意义上控制公司的目的。无论是股东主动提供股权类激励计划，还是经营层主动对公司进行资本投入甚至收购，最终都在使公司在走向共同投入 ①、共同所有的治理体制。

美国哈佛大学经济学教授理查德·弗里曼（Richard Freeman）在 20 世纪 90 年代提出了"分享的资本主义（shared capitalism）"，他与布雷斯（Blasi）和克鲁斯（Kruse）等教授一道，将各类涉及利润或股权的分享机制进行综合，进行长期的实证研究。他们在 20 世纪 90 年代初的考察就发现，当时全美 400 家以上的大型公司里，员工作为一个整体，已经成为大型该公司股权最大的持有者，其中又有 250 多家公司员工拥有的股票超过这些公司公开发行股票总量的 20%。2006 年的数据则显示，美国企业中 47% 的员工至少被一种分享计划所覆盖，分享机制总体已经覆盖美国 5340 万员工。2016 年针对世界五百强企业里面的前一百强进行的研究 ② 再次证明，当这些标杆企业采取更高水平的分享机制之后，它们还会实现好上加好的效果，资产回报率更高、员工资源流失率更低、员工的组织承诺度也更强。

参与性、集体性共治机制

从分配报酬，到分享利润，再到分享权益、共同所有，整体上体现了人力资本重要性提高，公司在责权配置上不断向人力资本让渡的

---

① 随着西方资本市场中机构投资者的广泛出现，专业金融服务业态的不断发展，如在私募基金等业态下，为了强化 GP 的信用、GP 与 LP 之间的风险共担，基于业务项目而衍生出各种跟投机制。这也是人力资本开始进行全面投入、共同投入的一类典型实践来源。

② Blasi J , Freeman R , D Kruse. Do Broad-based Employee Ownership, Profit Sharing and Stock Options Help the Best Firms Do Even Better?[J]. British Journal of Industrial Relations, 2016, 54(1): 55-82.

趋势。以上这些计划更多着力于就激励收益权进行分享配置，在公司实际治理过程中的控制权上，同样也在朝着人力资本共同治理、共同管理的导向转化发展。控制权转化程度较轻的实践，主要体现为提高员工参与性的治理与管理机制；程度较高的实践，则体现为由劳动者集体共有且共治共管的企业体制[①]。

　　在参与性的治理实践方面，自著名英国学者韦伯夫妇（伦敦政治经济学院创建者，Sidney Webb & Betrice Webb）提出"产业民主"的思想开始，赋予员工权力参与公司治理与管理，也发展为一种广泛的实践。近现代以来，德国的"社会市场主义（social marketism）""社会共决（social co-determination）"等社会宏观治理导向，也深刻地烙印在企业层面的治理实践中。如德国企业的治理结构[②]中，通常设置董事会和监事会，在公司治理机构中都规定要求设置一定比例的员工董事、员工监事，作为员工群体的代表，能够在公司治理的顶层设计中发挥必要的参与性、制衡性功能，实现企业高参与机制下的共决共治。后来这种参与性的导向，被广泛下沉地应用到组织的管理运行之中，进而衍生出了所谓高参与的组织、群策群力机制、自我管理团队、跨部门团队等方式，来打破组织的各种壁垒、提升组织的协同效能。

　　劳动者集体性共有共治的模式，则是一种以管理者和员工为主导

---

　　① 在经济学文献中，也被称为"员工所有制企业（employee-owned firm）"、"劳动管理制企业（labor-managed firm）"、"劳动者管理合作社（labor-managed corporative）"等。
　　② 中国的《公司法》及公司治理规范安排，在某种程度上对主流英美公司治理模式和德国公司治理模式的特点都进行了有益的吸收，兼容并蓄。

性治理管理力量的最高级形态，它是指人力资源集体化地掌握公司的所有权，也主导着公司的经营控制权。

耶鲁大学法学家汉斯曼（Hansman）[①]教授将所有权的载体放开，认为无论是股东所有、生产者所有、消费者所有，谁来掌握所有权本身并不具备本质差别（股东所有制只是"合作社"的一种具体形态而已），关键在于怎样的安排最能降低所有权成本和各类相关方结成治理契约的交易成本，并认为当人力资本专用性比资本专用性高时，让人力资本集体掌握所有权（生产者共有共治的合作社）就是更优的治理安排。经济学家道（Dow）[②]则通过数学模型证明了在人力资本专用性高而有形资本专用性低的情况下，由劳动集体所有且全权管理的企业其效率最优。

著名经济学家米德（J.E. Meade）教授（1977 年诺贝尔经济学奖获得者），不仅对宏观贸易经济有很多重要的贡献，而且也专门就企业制度层面的多种分享模式进行了研究。他在《分享经济的几种形式》中将上文提及的各种分享机制与劳动共有模式（称为"劳动者合作社模式"）放在一起，进行了比较分析。如下图 5-2 所示：

---

① 汉斯曼. 企业所有权论 [M]. 于静，译. 北京：中国政法大学出版社，2001.

② Gregory K D. Why Capital Hires Labor: A Bargaining Perspective[J]. The American Economic Review, 1993, 83(1):118-134.

图5-2　不同风险共担-收益共享水平上的企业分享机制类型

将员工投入自有资本拥有企业股份的程度作为横轴（出钱），将员工实际控制企业经营的程度作为纵轴（出力），则可将员工持股计划、利润分享机制、劳资合伙、劳动者管理的共有合作社，这四类典型机制放到四个坐标象限里。其中，劳资合伙制是由资本投入货币持有资本股，经营者和劳动者按知识、技术、劳动等人力资本入股[①]，不掌握实际所有权，但享有分红权（类似现代股权类计划中的分红权、增值权计划）。所谓的劳动者管理的共有合作社（Labor-Management Cooperation，以下简称 LMC），则是指经营者及员工既集体化地有持有主体股份，又实际掌握经营权的集体共有体制，实际上是一种风险共担与权益共享程度最高的集体合伙制。米德分析了不同模式在风险-权益上的配置差别，从长期优越性和最大化集体整体价值的角度，并更加推崇 LMC 模式。

[①] 类似我国山西票号实践的"身股"；当今实践如针对技术性专家人才，以技术入干股等。

在如上诸多领先研究者论证 LMC 模式的合理性和优越性[①] 的同时，汉斯曼教授也做出了专门的分析和提醒，必须注意 LMC 模式下关于企业决策和内部分配机制的设计，强调应避免过大范围的集体决策带来更高的决策成本、避免内部激励分配过于同质化而带来动力不足，这些都是这种模式应该重点规避的倾向。这些研究洞见和提醒，更深入地揭示了规律，即劳动者集体共有共治模式的先进性，绝不在于决策和分配上的大集体化、平均主义化，而恰恰需要有相对集中或分布化的高效决策责权安排、真实绩效导向的差异化激励安排等作为内在的机制构成与保障。可见，这种模式先进性的生成，必然是在坚持市场化导向、绩效贡献导向等现代企业效率效益法则和竞争力基础上的一种升级。

同股不同权机制

同股不同权模式，可谓是对现代公司治理"一股一票""资本多数决"这一基本规则本身进行的调整和发展。同股不同权的本质在于使公司的控制权与现金流权分离，通过差异化投票权等方式更多将公司的控制权让渡于企业家和经营者团队，资本依然完整享有基于股份的现金流权。同股不同权的实现形式也具有多样性，既包括相对传统意义上的金字塔结构，更包括近年来走向主流规范的双重（或多重）股权结构[②]。

---

① 自 20 世纪 80 年代以来，曾在全球范围内受到广泛关注和推崇的 LMC 实践案例，包括西班牙的蒙德拉贡模式（Mondragon）；英国的约翰·刘易斯（John Lewis）合伙制（沃尔玛对标的标杆）等。可参见 Bradly, Estrin & Taylor. Employee ownership and company performance in the John Lewis Partnership [J], Industrial Relations, 1990: 29.

② 在全球实践中，双重股权结构是同股不同权的主流形式，多重股权结构的机理与其相同，只是将差异化投票权的档级设置更多层而已。因此，本书将主要以双重股权结构作为论述重点。

　　双重股权结构（dual-class share structure）指的是公司发行两种投票权不同的股票，通常被命名为 A 类和 B 类股票。A 类股票中多股对应一个投票权或者一股对应一个投票权，而 B 类股中一股对应一个投票权或者多个投票权。如在中概股的双重股权结构公司中，B 类股票的投票权往往是 A 类股票的 10-20 倍。从根本功能上看，双重股权结构是通过现金流权和控制权的非对等配置来实现绝对控制的股权结构安排，通常是使由掌握高级投票权的股东群体或企业家经营者能够以较低的股权占比维持较高的控制权[1]。从内外部主体视角来看，双重股权结构通常也表现为公司发行的投票权差异化的股份中，有限投票权由外部普通股东持有，超级投票权由企业家和经营管理层持有。当然，差异化投票权的具体设定方式在实践中也是多样化的，如超级投票权（super voting rights）、次级投票权（subordinate voting rights）、限制投票权（restricted voting rights）以及无投票权（none voting rights）等。

　　在实践上，很多高科技公司如美国的谷歌、Facebook 以及中国的阿里[2]、小米和美团等互联网公司都采用了双重股权结构。根据美国

---

　　[1]　Jarrell G A, Poulsen A B. Dual-class recapitalizations as antitakeover mechanisms: The recent evidence[J]. Journal of Financial Economics, 1988, 20: 129-152. 120.

　　La Porta R, Lopez-de-Silanes F, Shleifer A. Corporate ownership around the world[J]. The journal of finance, 1999, 54(2): 471-517.

　　[2]　阿里巴巴的合伙人治理机制，实现了同股不同权的功能，使持股仅 14% 左右的阿里合伙人（相对于当时持有 57% 股份的大股东日本软银和美国雅虎）掌握公司的绝对控制权。但是，它并不是标准意义上的双重股权构架。而是通过与大股东的协定，由大股东主动将超过所持股份 30% 以上部分的投票权委托给阿里合伙人，进而由阿里合伙人委员会掌握董事会半数以上董事席位提名权、重新提名权、临时董事任命权等董事会人事权益，这样一种特殊的同股不同权机制安排。

证监会（U.S. Securities and Exchange Commission，简称 SEC）的数据，截止到 2019 年 10 月，在美国上市的 227 家中概股企业中，采用双重股权结构的企业数量为 65 家，占比为 28.6%，其中互联网和科技企业比例高达 75%。双重股权结构似乎成为科技创新型上市企业治理结构的一种"最佳实践"，也被越来越多应用于更多行业。人们期望以此强化企业家及经营团队的控制权，使企业保持充分的企业家精神和人力资本驱动力，进而保证企业持续进行创新投入和长期发展的动力和韧性。

在资本市场监管的规制安排上，美国最早开放和许可双重或多重股权结构的实施。在我国，2018 年 4 月香港证券交易所发布新的上市规则，允许同股不同权公司在港上市。2019 年 3 月中国证监会正式发布了科创板（Science and Technology Innovation Board）的相关配套制度，其中就双重股权结构企业的市值要求、资格要求、表决权差异限制、表决权外权力设置、特殊投票权交易规则、投资者保护以及信息披露等都做出了详细规定。基于港交所新规和大陆科创板的设立，双重股权结构正式在中国落地。

作为对资本多数决、股大权大基本规则的一种突破，同股不同权模式的产生发展，不仅是创造性人力资本重要性升级的结果，也是资本方自身自觉突破的一种选择。在理论根源上，传统代理理论实际上建立在所谓"股东同质化假设"的基础之上，将无差异的资本视为公司内部权力配置的唯一性标准[1]，但是随着资本投入主体不断的广泛

---

[1] Easterbrook F H, Fischel D R. Mandatory disclosure and the protection of investors[J]. Virginia Law Review, 1984: 669-715.

化，它实际上也忽视了资本本身的差异性问题，将群体化的"委托人"和单一股东的"委托人"同等看待，未能考虑多样性股东之间的价值取向差异化和冲突。相应地，"股东异质性假设"发展起来，关注股东在需求和偏好上的多元性，比如存在投机型股东和战略型股东等不同价值取向的股东[①]，同股不同权机制则为不同取向的资本选择不同的责权契约提供了空间。

另一方面则是如上文所述，随着企业家精神和人力资本的重要性不断提高，通过同股不同权机制在保障公司具有广泛融资激励的基础上，将实际控制权向企业家经营团队倾斜，以激励公司做长期化的创新投入与发展。

整合创新：事业合伙人制度体系

著名公司治理学者玛格丽特·布莱尔（Margaret Blair），在从委托－代理机制走向更具整体价值的新型治理机制的建议中，就将合伙制作为一种推崇的模式，强调具有人力资本专用性的合伙人集体担当剩余风险、获得剩余回报。但是，布莱尔对合伙制的分析，依然是针对一些知识和人力资本密集的、专业服务行业里的合伙制企业，区别于基于"公司法"的有限责任公司，它们是基于"合伙企业法"而设立的传统意义上的专业合伙制企业，主要集中流行于法律、会计审计、医药、咨询以及金融服务等行业。

然而在实践中，自 20 世纪 90 年代中期开始，西方开始出现一股

---

① Anabtawi I. Some skepticism about increasing shareholder power[J]. Ucla L. Rev., 2005, 53: 561.

专业合伙制企业向着有限责任股份公司进行改制转变的潮流。《经济学家》杂志专门讨论了这种现象，认为主要动因在于相对于公司制，专业合伙制在融资上存在相对局限；随着专业合伙企业规模的不断扩大、合伙人数量增加，其本身也会出现大组织病，共担共享中的搭便车现象在大规模组织中也更难被穿透；特别是随着客户数量越来越多，客户本身也不再依赖于与精英合伙人个体建立业务关系，而更看重企业组织整体的能力和信誉等。总体而言，无论从融资、组织还是客户角度，传统专业合伙制企业相对于大型公司而言，可能存在着做不大的局限。同时，在另一方面，这些观察研究也发现，"合伙制度（有关风险－利益共担共享、团队化工作等）的许多特征，也正在迅速成为公司改革发展的流行现象"。

实际上，公司制（因有限责任等特征）有利于更广泛融通资本，合伙制则有利于突出人力资本的创造性和担当性；公司制企业组织体系强势，但同时组织科层抑制创新、边界森严、大企业病普遍，合伙制企业则高度依赖合伙人，精英化人力资本主导驱动，但组织能力弱、组织纽带松弛、最终价值规模有限等，公司制与合伙制都各有其优劣势。

周禹（2016）则结合企业制度的变迁与本质特征，以及全球范围内标杆企业（包涵中国代表性标杆企业）的制度发展实践，从制度内涵、价值原理和建设框架三个基本方面，探索性地首创构建了"事业合伙制（neo-partnership）"的理论体系雏形[①]。

首先，在制度内涵上，基于制度的兼容主义视角（institutional

---

① 早期思考见：周禹."共生共享时代的组织与人——新合伙主义管理论"，[EB/OL].（2016-12-21）.http://www.sohu.com/a/122186666_534854.

hybridism），我们将事业合伙制定义为一种将公司制的广泛化资本融通和规模化组织共创优势，与合伙制的人力资本创新驱动和共担共享优势进行兼容耦合，将"共识、共创、共担、共享"导向创造性应用于公司治理与组织管理而形成的一种新型的制度系统安排。

它并非是让公司在法定属性上转变为专业合伙企业，而主要是在主流公司制的基础上，引入融合合伙制的优势特征，既有利于企业广泛融通资本，也有利于强化和激发人力资本的价值创造、责任担当与增值共享；使组织既有规模化优势，又充满自组织活力和创造力；既有专业化纵深能力，又有多样性能力的互补化组合与无边界协同；既有利于促进企业锻造自身竞争优势，也有利于与关键战略伙伴结成共赢生态优势等。当然，在"共识、共创、共担、共享"的共性导向下，企业在治理和组织管理的不同场景中，对具体机制的设计与应用方式是可以多种多样的，进而会形成不同企业各具实践特色的事业合伙机制组合系统。

当然，事业合伙制度体系的建设是一个系统工程，我们提出了配套性的建设框架，如下图 5-3 所示：

图5-3 事业合伙人制度体系建设框架

共同的认识论指导共同的实践论，在事业愿景与价值观理念上，持续凝聚高度共识。在战略系统构建上，在核心业务竞争优势的基础上，走向业务集群的生态化优势，业务协同增值、新旧动能持续转化，追求创造长期价值增长。在组织系统建设上，打破科层与专业壁垒，组织功能整体布局、组织效益整体最优、多样性能力动态组合，追求成为充满自主动力、创新活力的分布化网络平台。在人才队伍建设上，强化担当、激发创造，释放广泛的企业家精神，更全面地成就更多的奋斗者。在机制建设上，持续创新价值共创、风险共担和增值共享机制的设计与应用，机制化牵引事情、资源与人的进退流转配置，保持动态最优，机制化保障事业和人事长期传承发展。这五个方面相辅相成，围绕事业合伙制的机理与导向，进行系统化建制。

总之，以上由周禹（2016）解析构建的制度内涵、价值原理和建设框架，共同构成了有关"事业合伙制"的系统理论基础。它不仅契合了全球范围内现代公司治理与管理发展的先进性趋势，而且也显著契合了当今知识与创新驱动、高度不确定性和网络互联的时代环境，对企业体制机制升级发展的时代要求。新的时代，呼唤新的生产关系，解放新的生产力，通过制度创新充分尊重、激发人力资本的高质量创新和长期创造，是中国企业升级发展过程中，必须重点突破的机制创新安排。

第六章
发展人力资本的可持续性

如上章所述，人力资本的创造性价值是其最核心的属性，具备创新创造权能、担当创新风险的人力资本，理应具有增值或剩余的共享共有权益。但同时，创造性人力资本背负着创新风险，也往往处于高压强的工作状态，对其健康可持续性价值的保护和促进，也便成为重要的管理要求。实际上，各经济体在其超高速发展的历史阶段，都曾经历过职场中类似"5+2""白＋黑""996"等人力资源超额过劳的现象，也都须通过对人才可持续健康发展的关切和管理，超越这种高压强的阶段，走上企业和人共同可持续发展之路。

关切人的可持续性：绿色管理

在我国经济和社会向可持续性发展深化转型的背景下，企业组织与人员的管理，也必然需要进行关注可持续性的转变升级，打破和超越以低成本、低效率、高强度、高压力为典型特征的粗放式、压迫式管理模式再难以为继，必须从支撑企业和人才共同可持续发展的角度推进人力资源管理体系的"绿色化"转型。

"绿色管理（Green Management）"的理念自 20 世纪 90 年代

以来配合着西方社会的绿色运动应运而生[①]，强调企业的经营管理应关切和加强对环境、能源等方面的保护和可持续发展的责任。随后出现的"绿色人力资源管理（Green HRM）"概念，其内涵主要也被界定为通过人的管理举措来促进组织对环境可持续性的积极作为[②]。而我们则在此基础上，更强调企业的管理机制应关切和支撑组织与员工的健康可持续发展，强调关注"人的可持续性（human sustainability）"，组织应该以更高的社会责任感来关注效率之外的员工的社会性问题，建议组织提供更多的健康性福利保险、对失业者提供相应帮扶、关注员工的身心健康、调节员工工作与家庭的平衡、创新工作模式来缓解工作压力、创建包容性的组织和管理机制等。

在当前及未来一段时期，对我国企业而言，超越"996"等高压强式的工作模式，也是历史阶段发展的必然要求。我国过去几十年都处于追赶经济周期和高速成长阶段，很多企业趁势而上、快速发展，高速的发展时，需要公司组织处于高强度、高效能的状态。中国企业在经营与管理中，一直在学习实践西方企业的高绩效管理机制，一方面自身也面临市场化的高度竞争，进而普遍强调绩效至上的导向，企业

---

① Carson, Patrick, and Julia Moulden. Green is gold: business talking to business about the environmental revolution [J]. Collins, 1991.

② SE Jackson, DWS Renwick, CJC Jabbour, et al. State-of-the-Art and Future Directions for Green Human Resource Management: Introduction to the Special Issue[J]. German Journal of Human Resource Management: Zeitschrift für Personalforschung, 2011.

Jackson, Susan E., and Janghoon Seo. The greening of strategic HRM scholarship [J]. Organization Management Journal, 2010, 7(4): 278-290.

的绩效管理力度也越来越大、越来越精细、越来越强化，这让一个公司就像一架持续快速运转的机器一样，高速旋转，强度和节奏越来越快，人力资源承担的压力也越来越大。此外，很多知识型员工本身具有非常强的成就动机，本身就有着强烈的内在意愿希望把工作做好，自我要求高，不达到某种理想成效便情不自禁地投入工作。这些因素共同作用，使我国企业中类似"996"的超额工作现象比较普遍。

这些现象是经济发展历史周期中的一个阶段性存在，但是一旦过度，比如可能已经开始伤害员工基本的身心健康，给人的可持续性发展带来极大的负面影响的时候，就是这种强绩效导向带来的过度拼搏、过度加班文化等需要根本性转向的时候。

实际上，我们的研究观察表明，很多盛行"996"的企业和这种状态下的员工，其实很多超额加班是无效的。很多情况下，往往是因管理者对工作安排的牵引力和价值把握力不足，特别是在确立、安排工作时，很多时候管理者并没有真正想清楚工作的价值取向和根本目的，对工作缺失相对明确的价值判断，进而导致员工反复折腾、盲目加班，使员工们习惯于以状态上的繁忙来掩盖价值上的迷茫，从而很多"996"的消耗实际上并不创造真实价值。这造成了双输的一个结局，既耗费了员工的精力和时间，也没有为公司带来实际效益，是一种双重浪费，亟待突破改善。

西方先发经济体的经验也表明，在其产业企业中，随着知识工作、知识员工的比重不断提高，通过延长工作时间、增加工作强度的高控制性的管理方式是非常低效甚至无效的。所以如前文所述，企业开始从高控制性的管理转向高承诺型的管理模式，为知识型员工提供宽松的工作氛围、自主的工作空间，更加弹性化的工作时间和地点选择机制，以及支持员工维护好工作－生活、工作－家庭的平衡等举措。通过这些举措更能激发知识员工的主动性，激发其更自主自发地投入工作，工作效果和创新成果反而会获得提升。

从竞争优势角度看，"996"这种状态并不能、也更不应该成为中国企业的竞争力，我们认为它恰恰是企业缺乏真实竞争力的体现。粗放性地依靠人力的高压强工作，即使看上去有短期高压强下的快产出，这既不是具备高水平竞争力含量的体现，也不是更有文明含量的管理逻辑，并不能支撑企业长期的高质量发展。

我们认为，技术的先进性、商业逻辑的可持续性和组织管理的文明程度，是中国企业想要具有世界竞争力三个必要的构成，也是我国企业将来为世界的商业文明做出贡献的三个重要方面。强化管理文明的可持续性，其中最重要的是对人的可持续性的管理和关怀，能够真正有效激发人的创新潜能，而不是仅仅依靠简单的劳动时间的延长来管理人。将基于劳动强度投入的红利，转化为更精益、更有效率、更有持续性的管理红利。类似于我们对环境可持续的保护，就是一种更具长期价值和广泛价值的社会投资一样，我们对人的可持续进行保护和绿色管理，关怀人的身心健康、工作－生活平衡、提供包容性的管理机制等，也是一项具有长期价值回报的人力资本投资。

工作 - 生活平衡管理

对人的身心健康可持续管理，既包括实施员工（身心健康）辅助计划（Employee assistance program，简称 EAP）、长效性建设和开展促进员工健康的文化和运动健康活动等，也延伸至员工工作与生活的界面，企业提供相应的政策机制，保持和促进员工在工作 - 生活中实现更广泛的健康平衡状态。近年来随着工作 - 生活平衡（work-life balance）管理范畴的不断发展和扩展，前者关注员工身心健康的举措也都被纳入其中。

工作 - 生活平衡（Work-life Balance，简称 WLB）管理实践，在全球管理实践中已经变得越来越重要。随着社会劳动参与率不断提高，尤其是女性劳动参与率大幅提高，职业竞争和工作压力日益增大的背景下，使得双职工家庭（dual career family）面临着突出的工作与生活的冲突困境。在美国参议院 2003 年一致通过的 210 号决议（U.S. Senate Resolution 210）曾给出一系列证据，指出 85% 的美国员工在工作之后都承担着直接照顾家庭的责任；抚养年龄在 18 岁以下子女的员工比例占到 46%，而这些未成年子女通常有一半的时间需要父母的直接照顾；每四个美国人中就有一个人（即总计超过 4500 万美国人）需要为他们的家庭成员提供专门的保障支持等现实问题。

该决议倡议全社会应大力支持员工工作与生活的平衡、降低工作与家庭的冲突，这既符合提高劳动生产率的经济效益要求，也有利于提升社会生活的整体福利水平，从而应成为国家的一项优先政策安排。

在加拿大、澳大利亚以及欧洲各经济发达国家和地区，劳动者的工作与生活平衡问题也都成为与产业发展、就业雇用、社会福利等方面密切联系的治理议题，政府的劳动和就业部门机构几乎都有专门的项目支持有关劳动者工作与生活平衡的政策研究与实践。

在过去的几十年里，有关工作－生活平衡的议题和实践也伴随着社会经济生活的变迁而不断发展。以美国为例，20 世纪 70 年代的十年间，社会平均失业率为 6.21%，平均通胀率为 7.04%，同时育有 17 岁以下子女的妇女劳动参与率平均达到 49.2%，使得当时有关工作－生活平衡的议题和行动大多围绕着子女照顾（child care）等方面展开，如 1970 年召开了以儿童关照为主题的白宫会议；一批旨在保护社会和产业中妇女或儿童的法律基金组织纷纷成立。在 20 世纪 80 年代的十年间，社会平均失业率达到了 7.27%，除妇女之外男性开始扮演着家庭照顾者的角色，临时雇佣、弹性工作等成为日益增多，有关工作－家庭平衡的问题不仅成为十分重要的研究领域，而且催生了相应的服务性产业。

到了 90 年代，美国经济发展进入一轮快速发展时期，其平均失业率为 5.75%，通货膨胀率平均控制在 3% 左右，对员工的工作－生活平衡管理开始成为企业塑造竞争优势的重要方面，一些聚焦工作－生活平衡的研究机构变得更加活跃，如由"家庭－工作研究所（Families and Work Institute）""斯隆工作－家庭政策研究网络（Sloan Work–Family Policy Network）"等开展的一系列全国性的政策

研究 ① 产生了较大影响。"工作－生活进步联盟（Alliance for Work-life Progress，以下简称 AWLP）"于 1996 年成立，逐步发展成为有广泛影响的专门致力于推广工作与生活平衡有效实践和社会政策的专业协会性机构。这时人们不仅关注一系列具体的工作－家庭平衡政策或管理举措对劳动者的积极影响，而且开始强调这些实践对社会或企业绩效的有效影响。

在 20 世纪的最后十年，在劳动力市场代际多样化、技术结构快速升级变迁以及跨国经营深化等背景下，有关工作－生活平衡的研究和实践范畴不断扩展，除了过去一直所关注的家庭关照、健康医疗、工作压力等基本议题之外，有关社区参与、组织文化变革等实践也被逐步纳入工作－生活平衡的范畴中来。

工作与生活平衡管理实践已成为维系保留员工、保持和提升员工工作效能的重要管理手段，也被纳入总体报酬的框架之中，并且成为组织人力资源管理的一种战略性举措。上文提及的 AWLP 于 2003 年并入美国薪酬协会（WorldatWork）成为其成员机构，专门致力于推动工作－生活平衡最佳实践的研究、整合与开发。基于美国薪酬协会和 AWLP 的界定，"工作－生活平衡管理"是指为了帮助员工实现职业发展和家庭生活这两方面的共同成功而设计实施的一系列管理实践、政策、项目以及管理哲学等。组织通过提供有效的工作－生活平衡管

---

① Galinsky E , Bond J T . Business work-life study : a sourcebook[J]. 1998. Galinsky E , Friedman D E , Hernandez C A , et al. The corporate reference guide to work-family programs[M]. Families and Work Institute, 1991.

理措施，帮助员工实现自我发展（Self）、职业发展（Career）与家庭（Family）和社区（Community）关怀的均衡，从而帮助员工实现幸福的人生（Life wellbeing）。

通过对过去几十年来各相关研究进行总结和梳理，美国薪酬协会和 AWLP 提出的工作－生活平衡框架，如下表 6-1 所示，包含了员工家属护理（Caring for Dependents）、员工健康保健（Proactive Approaches to Health and Wellness）、工作弹性化（Workplace flexiblity）、财务金融支持（Financial Support）、带薪或非带薪休假（Paid and Unpaid Time Off）、社区参与（Community Involvement）以及文化变革支持（Culture Change Initiatives）等七个主要范畴。这些实践范畴之间相互联系，构成一个全方位、系统化的工作－生活平衡管理系统。每个范畴内又都包含了若干具体的管理实践。

表6-1　工作-生活平衡管理的主要范畴与实践举措

范畴1：员工家属护理/Caring for Dependents
主要举措： 　　●子女护理计划（Child care）：子女护理资源推荐服务、子女医疗保健折扣计划、子女紧急救护支援计划等 　　●老年护理计划（Elder care）：老年护理资源推荐服务、长期护理保险计划、老年紧急救护支援计划等
范畴2：主动性员工健康保健/Proactive Approaches to Health and Wellness
主要举措： 　　●员工辅助计划（Employee Assistance Program/EAP） 　　●护理服务计划（体检、职业病预防、按摩服务、体重维护、吸烟防控、营养保健咨询等） 　　●工作场所方便服务计划（一站式工作场所医疗、残障服务等） 　　●健身设施提供（一站式健身中心设置、建设俱乐部折扣等） 　　●员工身心健康主题活动

（续上表）

范畴3：工作弹性化管理/Workplace Flexibility

主要举措：
- 全职弹性化：工作时间弹性化、电话/网络办公、工作场所自选、工作周压缩计划等
- 兼职弹性化：兼职工作选择计划、工作分享计划、季节性工作计划、阶段性复工计划等。

范畴4：财务金融支持/Financial Support

主要举措：
- 企业年金计划（如401K计划等）
- 个人理财规划服务
- 收养报销资助计划
- 子女教育资助/贷款计划
- 家人护理/健康护理弹性支付账户服务
- 自愿保险福利项目（如汽车保险、房屋保险、宠物保险等）
- 资产抵押辅助计划

范畴5：带薪或非带薪休假/Paid and Unpaid Time Off

主要举措：
- 私人事假支持、公休假保障
- 各类带薪休假（如带薪节日休假、初为父母带薪休假等）
- 共决的带薪轮班轮休机制
- "假期银行"计划（假期预支、超支及补回机制）
- 旅行支持计划
- 工作时以外电话等支持计划

范畴6：社区参与/Community Involvement

- 外部社区服务：社区自愿者计划；公司配套捐赠计划等
- 组织内部分享：假期分享捐赠计划；职工大病捐助基金等
- 履行社会责任：企业社会责任实践；绿色环保行动等

范畴7：文化变革支持/Culture Change Initiatives

主要举措：
- 建设多样性包容的组织文化
- 建设女性平等与发展文化
- 工作再设计与流程优化
- 互助支持性的团队建设
- 建设积极的工作环境与氛围

　　越来越多的实证研究，为工作－生活平衡管理对个体和组织的有效性，提供了充实的实证证据。关注员工个体的研究，主要是从组织行为学视角出发，基于员工在工作和家庭中承担的角色多样性来展开。典型如"角色冲突理论[①]"指出，导致工作与家庭之间产生冲突的主要原因在于个体时间精力的有限性，在工作或家庭某一方面投入较多，便会在另一方面投入较少；个体角色压力的溢出效应（spillover），即个体在某一角色中承担的压力多大，将会产生连带影响漫溢到另一角色中；以及个体行为转换的摩擦效应，即不同角色对个体行为要求不同，在不同角色间行为转换的不流畅也会产生冲突。研究者也进一步将工作与家庭之间的冲突看成是多维度的构念，既包括了工作对家庭的冲突（work interference with family，简称 WIF），也包括了家庭对工作的冲突（family interference with work，简称 FIW），前者主要指由于工作的影响而不能较好地履行家庭的责任，后者指由于家庭原因而影响到工作的状态和质量。

　　已经有大量的研究考察了引起工作－家庭冲突的前因因素，以及冲突可能带来的影响后果。工作相关因素（如工作的投入强度、领导和同事们的工作支持）、非工作相关因素（如婚姻状态、家庭小孩数目、配偶工作情况等）以及个体的性别、个性特征、收入水平等个人特征，都可能会对工作－家庭冲突产生影响。而工作－家庭冲突也会对工作

---

　　① Beutell N J , Greenhaus J H . Integration of home and nonhome roles: Women's conflict and coping behavior[J]. Journal of Applied Psychology, 1983, 68(1):43-48.

相关的产出因素（如工作满意度、组织承诺、离职意向等）、非工作相关的产出因素（如生活满意度、婚姻满意度等）以及个体的心理压力产出产生影响。近期也有研究发现，工作与生活两者之间并非只存在冲突和矛盾，也会存在相互的促进。

从组织层面看，相关研究重在考察工作－生活平衡管理实践对组织绩效的影响作用。如针对员工家属的护理计划，包括子女护理计划和老年护理计划。2003 年的一项关于延长儿童护理时间的研究中发现，当企业为员工提供儿童护理服务，会减少员工的旷工、离职和加班，每年员工的人均旷工损失减少了 300 美元。当企业主动为员工提供某些健康保健计划时，包括员工辅助计划（Employee Assistance Program，简称 EAP）、护理服务计划、工作场所方便服务计划、健身设施提供和员工身心健康主题活动等方式，有调查显示高达 62% 的参与者认为在企业工作对个人健康产生了积极影响。针对工作的弹性化管理，包括全职弹性化包括工作时间弹性化、远程办公和工作周压缩计划、兼职工作选择计划、工作分享计划和阶段性复工计划等，2005 年美国薪酬协会的弹性工作制研究显示，90% 的企业实行弹性工作制；2001 年，杨伯翰大学对于 IBM 员工的调查显示，那些认为自己的工作有弹性的员工可以每周多工作 8 个小时，依然感觉他们拥有工作－生活平衡。2001 年惠悦公司人力资本指标研究也发现，支持弹性工作（比如弹性工作时间、远程办公和工作分担）的公司的市值，比那些没有弹性工作实践的公司要高出 3.5%。

还有一些组织层面的考察，将这些工作－生活平衡实践，作为一个系统来进行检验，如佩里（Perry）等人（2000 年）通过对 527 家美国公司的研究发现，实施大量工作－生活平衡管理实践的公司会有更高的公司绩效，并且较经营时间较长的公司和女性比重较大的公司，工作－生活平衡管理实践的实施水平和公司绩效的关系更为明显。在对德国、法国、英国和美国 450 个制造型企业的调研中，布罗姆（Bloom）等人（2010 年）发现，工作－生活平衡管理实践与企业生产力呈正相关，同时拥有更高女性比例、更多技术人员和管理较好的公司会实施更多的工作－生活平衡管理实践。这些研究都为工作－生活平衡管理实践的组织有效性提供了充分的实证证据，说明工作－生活平衡管理实践已成为企业进行人才可持续发展管理的一类最佳实践，获得日益广泛的应用。

提升组织管理的包容性

关切组织与人的可持续，还意味着建设和推进包容性的管理机制。无论是自然环境还是社会人文特征，人类世界和文明本就蕴涵着丰富灿烂的多样性。在多样性之中才构成了充满生机、相互依存的生态，才孕育了物种不断分化和进化的动力。在求同存异、和而不同之中，尊重融合多样性，建设合作共赢的命运共同体，实现包容性增长，是当今世界经济和社会治理文明的主流发展趋向。在各美其美中实现美美与共，是为大美。

与宏观治理追求"包容性增长"的理念相呼应，在企业组织微观层面对多样性的"包容性管理"，也成为当代商业文明的一项重要构成。

实际上，从20世纪中期开始，在企业层面便开始关注员工的"多样性"问题并展开管理实践，从早期关注职场的权利公平、反对歧视和排斥，到发挥多样性带来的创新等积极效应，再到在国际化情境下跨文化价值观的包容发展，组织"包容性管理"的内涵也不断发展和丰富，也成为管理上的一种最佳实践。

纵观现代企业对组织、员工多样性进行包容管理的演进发展，我们将其概括为三个典型阶段，每个阶段匹配着不同的社会经济背景，包含着不同的视角、功能取向和实践重点。

基于合法性视角的公平雇佣与反歧视阶段。20世纪六十至九十年代，企业对人员多样性的管理主要在当时西方社会平权运动、公平雇佣法律规制的要求下展开，其主要内涵在于维护多样性的人员（如不同性别、种族、宗教信仰等）在就业和工作中的平等权益，特别关注对女性群体、少数族裔群体的权益保护，反对职场中的歧视和排斥问题。以美国为例，从60年代到90年代出台了一系列有关保障公平雇佣、反对歧视的法律规制，在种族、性别、宗教、年龄、肤色、移民国来源、残疾等维度上，涉及就业聘用、同工同酬、福利保障、解雇等各方面的平等权益保护。可以说，正是在该阶段社会意识和法律规制对社会平权和就业公平的强调，奠定了所谓西方社会现代意识中对"多样性"平等包容的"政治正确"观念，在企业层面对人员多样性的合法化、平等化管理也成为当时组织包容性的最根本内涵。

另一方面，在实践过程中，诸如建议企业雇佣一定比例的少数性雇员等导向，逐步成为带有某种强制性的必选动作（Affirmative

Action），这也在一定程度上衍生出了所谓矫枉过正的"反向歧视（Reverse discrimination）"问题。如从 20 世纪 80 年代开始在美国的一些典型判例中，企业为达到对少数族裔的雇佣比例指标，反而对白人男性产生了雇佣歧视。这种反向歧视的问题至今仍是研究和政策讨论的争议性话题。

基于功能性视角的以多样性管理促进创新与增效阶段。在从合法性角度包容员工多样性、反对职场歧视和排斥的基础上，自 20 世纪 90 年代开始，管理研究和实践开始重点关注员工多样性给组织带来的积极效应。一方面，很多研究从人口统计学变量的角度，考察了组织或团队成员在性别、种族、年龄、教育背景、工作经验等基本属性上的多样性构成，对团队和组织绩效的正向影响关系；从高层管理团队的角度，高管团队在这些维度上的多样性构成，总体上也被发现会对企业的治理和经营效果产生积极作用。

另一方面，人们开始更多关注人员在人力资本、心理行为特征上的多样性构成，如成员在技能、素质、个性特征、情绪情感特征、价值观、认知与学习方式等方面的多样性，也被发现对团队和组织的绩效产出有着积极作用。也就是说，对人员多样性的包容管理不仅是满足职场公平的合规性要求，它本身也将有利于团队和组织的绩效产出。

此外，人员多样性带来的组织积极效应，总体上被认为是通过两种机制来实现的。其一，多样性促进了多视角的知识交融与化合创新。多样性的知识交换和融合，往往使团队和组织更易触类旁通、相互化合而产生更好的创造力。其二，多样性也会给组织带来更丰富的社会资本，不同背景的人员可为组织形成更多差异化的社会资源接口，从而能帮助企业积累更宽厚的社会网络。人员多样性带来的融合创新与社会资源积累，都将最终有利于组织的绩效与发展。相应地，这个阶段员工的决策参与、群策群力、跨功能自主管理团队、弹性化工作安排以及工作－生活平衡管理等机制，也适配着人员多样性的组织情境，获得了广泛的应用。

基于全球化视角的跨文化融合与制度性异构阶段。21 世纪以来随着全球化的深化发展，企业在经营管理中的跨文化要素越来越丰富，进而有关跨文化的价值观、心智行为及管理模式的融合发展，成为多样性管理中的重要内涵。企业全球化经营的核心逻辑，也在从"母国中心化"向着"属地重心化"的方向演化发展：即从母国将经营管理建制向东道国标准化输出，到母国标准与东道国属地特征结合调适，再到更充分地尊重和发挥东道国属地化的禀赋优势和定制创新。这样无论从全球化企业母国总部的视角，还是从其属地化经营单元的视角，都需要在文化和知识经验的双向互动中形成跨文化的融合发展。各类文化文明的属性没有高低优劣之分，跨文化的包容性管理有利于企业在全球化情境中吸收、融合发挥各种文化优势的积极作用，使企业不仅实现在业务和组织结构上的全球化布局、更在深度的文化交融中实现组织心智的全球化，博采全球商业文明精华为我所用。

同时，企业在业务、组织和跨文化上的全球化发展，也将会带来企业在体制机制建设实践上的多样性。很长一段时期以来，发端于先发国家现代企业的治理与经营管理制度，通过标准化的教科书和西方企业案例在全球传播，成为后发国家对标学习的最佳实践，在某种程度上这也使得企业制度体系逐步走向"同质化"的建构。然而，随着2008年以来美国、欧洲等发达国家均遭遇全面性的经济金融危机、政治社会挑战，西方也开始对资本主义制度展开新的反思，如"资本主义多样性理论（Variety of Capitalism）"开始强调在全球的资本主义体系内本身就存在着制度的多样性。

更重要的是人们还越来越认识到，不同国家和地区也都有其必然权利和必要需求，去探索更符合自身国情特征的制度安排。尤其是来自中国改革开放的制度创新实践及其所取得的卓著成效，为全球不同国家和地区的发展道路提供了新的范例样本。相应地，宏观制度的特色化创新，也必然驱动企业层面制度安排的异质性发展。我们曾解析了宏观制度特征、中国经济社会转型情境与企业人力资源模式之间的匹配机制，提出了中国企业（人力资源）制度"兼容异构（Institutional Hybridism）"的理论视角[①]，它不仅解释了经济社会转型背景下企业制度在兼容并蓄中发展构建的逻辑，而且在当前新阶段全球化和反全球化张力并存的情境下，它也将为企业制度的多样性兼容管理提供具有生命力的理论指引。我们认为，制度的趋异化和多样性兼容，是当

[①] Yu Zhou, Liu X, Y., & Hong, Y. When Western HRM Constructs Meet Chinese Contexts: Validating the Pluralistic Structures of Human Resource Management Systems in China [J]. International Journal of Human Resource Management, 2012, 23 (19), 3983-4008.

Yu Zhou, Zhang, Y., & Liu, J. A Hybridism Model of Differentiated Human Resource Management Effectiveness in Chinese Context [J]. Human Resource Management Review, 2012, 22: 208-219.

前及未来企业包容性管理范畴下最具发展性的前沿内涵。

基于以上，组织对多样化的包容性管理，从公平雇佣和反歧视的合法性要求，到多样性团队的建设与效能激发，再到跨文化和制度异质性的兼容并蓄，其内涵与实践范畴不断扩展升级。综合来看，我们将"非歧视雇佣、多样性团队、跨文化融合、制度性兼容"四个维度整合起来，即成为广义上企业包容性管理的系统框架，如下图 6-1 所示。

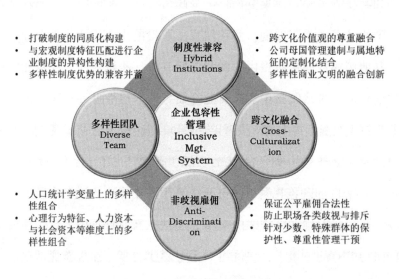

- 打破制度的同质化构建
- 与宏观制度特征匹配进行企业制度的异构性构建
- 多样性制度优势的兼容并蓄

制度性兼容
Hybrid Institutions

- 跨文化价值观的尊重融合
- 公司母国管理建制与属地特征的定制化结合
- 多样性商业文明的融合创新

多样性团队
Diverse Team

企业包容性管理
Inclusive Mgt. System

跨文化融合
Cross-Culturalization

- 人口统计学变量上的多样性组合
- 心理行为特征、人力资本与社会资本等维度上的多样性组合

非歧视雇佣
Anti-Discrimination

- 保证公平雇佣合法性
- 防止职场各类歧视与排斥
- 针对少数、特殊群体的保护性、尊重性管理干预

图6-1　企业包容性管理系统框架

围绕以上我们构建的整合框架，结合现阶段中国企业的发展特点及标杆企业的实践，我国企业在优化包容性管理时，应重点关注：

第一，在雇佣关系的公平性与包容性上夯实合法性基础。在中国企业雇佣关系的法律政策层面，从 1994 年的《劳动法》、2008 年的《劳动合同法》《就业促进法》等都涉及许多公平雇佣、反对就业歧视的规制要求，专门聚焦的《反就业歧视法》也正在立法进程之中。尽管新中国成立以来女性的就业和劳动参与率就处于较高水平，但随着人力资源市场的发展，女性在就业、晋升以及报酬水平上相对于男性存在着统计性显著的歧视，在地域、学历以及身份（如基于正式或外包不同用工方式而导致的同工不同酬）上的歧视更带有中国特点。此外，我们针对少数民族同胞及其聚集地区，无论是在教育、就业还是干部管理上都一直践行着充分的包容性管理，其中的好经验值得持续夯实和发扬。

第二，打造"和而不同"的多样性团队。西方在人员的多样性上更多强调了其差异化的特征，在某种程度上忽视了组织统合性的必要前提。实际上，力出一孔与各显其能、共性聚焦与个性彰显从来就并非对立的矛盾，而恰恰具有内在的统一性。我们认为"和而不同"是多样性团队的理想境界，如在价值观上高度统一、在个性特征上多元组合；在绩效目标上高度统一、在能力结构上协同互补；在战略方向上高度统一、在战术创新上授权赋能；在决策达成后高效统一执行、在决策研讨时充分群策群力；在奋斗与贡献评价上一视同仁、在代际与角色安排上用其所长。

中国企业当前在人才代际结构上的多样性也十分显著，新老人员的协同搭配也是我们包容性管理的重要内容。一些标杆企业近年来不仅大力推动干部的年轻化、生力军队伍的加速成长，还注重优化新老员工的搭配生效。如要求"把合适的人、在合适的时间、用在合适的地方"，该原则一方面要求破除组织层次结构对人才的抑制，让年轻人才获得机会和空间及时施展才开；另一方面也意指业已资深的前辈，也需要在职业生涯的不同周期转换角色，更多发挥经验优势帮带后进，让优秀的人培养出更优秀的人。万科在当前新的组织重建变革中，打造"冠军组织"是其重要目标之一，它不仅意味着"让状态最好的人上场"，成员角色互补、有上有下、动态协调；还要区别于高绩效组织相对短期、可能用完则弃的用人哲学，而不抛弃任何对事业同心同路、合力奋斗的伙伴，尊重人的主观意愿和客观职业周期状态，让人们能够有机会以不同的角色，参与助力事业的持续发展。冠军组织不仅仅有场上竞技的运动员，也还需要有高水平的教练员、指导员、预备队和啦啦队等角色。

第三，以参与性机制激发众智，将多样性转化为组织创新动能。广泛参与本身是多样性管理、激发组织创新的重要实践机制。在知识与创新经济的时代，人力资本是创新的根本驱动力，每个人都可能成为创新源点。不仅仅停留于在人员的特征结构上实现多样化的构成，更需要通过参与机制的设计实施，更加开放、开源地激发出多样性人才的智慧交融和创新涌现，如此人员的多样性才能更切实地转化为组织创新发展的动能。

当前企业激发人员广泛参与的机制也在多个层次上持续创新。在治理结构层面，如德国企业在董事会、监事会及其相应的专业委员会中，历来就有着吸收较大比例员工代表参与、多元相关方进行"共决治理"的传统。我国企业阿里巴巴在其合伙人委员会里也十分注重成员的代表性，在角色层次、工作领域、能力结构及代际梯队上都有着多样性的协同配置。华为通过"红蓝军机制"激发决策研讨过程中的张力对抗和底线思维，将传统意义上人们非正式、发散性的组织争论争议，制度性地转化为规范的决策博弈和决策质量保证机制。

在团队工作机制层面，员工跨边界协同参与的机制创新更加鲜活。如阿里巴巴很早就实践插拔式团队、插件式人才，打破边界灵活组合；海尔"人单合一"的模式创新，激发人们以客户为中心、按单聚散、动态合伙；万科的事业合伙人制度体系中，也包含着广泛的"事件合伙机制"，围绕重点工作打破组织横纵边界，鼓励举手涌现、自发组合、担当攻关。我们新近的系列实证研究也发现[①]，当企业在治理决策、工作运行以及建言建议等不同层次上建立员工参与机制，这些多层次的机制将对企业的创新产生配套性增强的推动作用。

第四，在遵循现代企业制度同质性规范的基础上，在兼容并蓄中推动中国企业制度的系统创新。如上文所述，伴随着全球不同国家和地区对自身宏观制度和发展道路的探索发展，企业制度的异质化发展和兼容性创新必然成为重要趋势。改革开放以来，在我国宏观经济势能和制度优势的牵引下，中国企业应运而生、顺势而为，获得快速成

---

① Zhou Y, Fan X, Son J. How and when matter: Exploring the interaction effects of high - performance work systems, employee participation, and human capital on organizational innovation[J]. Human Resource Management, 2019, 58(3):253-268.

Yu Zhou, Xueling Fan, Chenxi Wang, Xiaoxi, Chang. The Interactive Effect of Employee-Involved Governance and CEO Change-Oriented Leadership on Organizational Innovation: A Moderated Mediation Model [J]. Group & Organization Management, 2019, 7(22): 1-39.

长和发展提升。就如同我们在全球化接轨融合的基础上，更敢于在宏观制度上自信走出中国模式一样，中国企业也应该在与全球现代企业基本制度规范接轨的基础上，自信地推动企业制度的创新发展。

实际上，中国企业的制度发展就是一个兼容并蓄学习、实践检验迭代的过程，其制度生成中本就包含了多样性的基因。如 20 世纪 50 年代计划经济时期，我们的企业制度全面对标学习苏联模式，一定程度上也形成了中国组织在统筹规划性、目标穿透性上的能力禀赋。70 年代改革开放前期，我国也曾关注过一段时期东欧地区工业经济发展相对较好国家的企业管理经验。改革开放以来，市场化导向和经营管理的基因，开始在个体户、城镇工商企业、集体企业以及国有企业改革改制中不断实践和积累。80 至 90 年代在日本经济的高速发展时期，中国企业也积极学习借鉴日本企业的优秀管理经验。随着 90 年代中期我国正式确立建设有中国特色社会主义市场经济体制的目标，以及新世纪我国加入世贸组织融入国际经贸体系之中，中国改革开放的发展势能开始全面释放，作为制造业大国在全球产业链和贸易网中扮演者越来越重要的角色，尤其是与美国建立了全面深入经贸关系，使得我国的企业制度全面学习以美国为主要代表的西方制度经验。可见，中国企业制度的演化发展，在自身的探索实践中还包含了对世界上不同历史时期先进经验的吸收积淀和扬弃迭代，我们认为这些都为我国企业在兼容并蓄中进行中国化的企业制度创新，提供了得天独厚的经验基础。

中国标杆企业在对接全球性企业治理与经营管理规范的基础上，

已经开始自觉探索实践企业制度的体系化创新。如阿里巴巴的合伙人治理机制，通过与大股东的合作性契约，以合伙人委员会为顶层治理平台、以董事会席位提名权为主要抓手，区别于美国科技型企业通常采取的双重股权结构等机制，形成了一种特殊的同股不同权治理结构。华为一直以来以劳动本位、知本论为理念，通过实践虚拟股权、增值分红权、时间单位计划（Time Unite Plan，简称 TUP）、获取分享制等多种机制，建设由广大员工广泛持有权益、鼓励长期奋斗、共同增值分享的"新型集体所有制"。海尔一直以来在经营管理模式上持续创新，以"人单合一"为内核主线，通过自主经营体－利益共同体－小微创客－生态价值网等不断发展的实践，将传统制造型企业进化为平台化、生态化的网络组织，全面焕发员工的企业家精神探索"创客所有制"。万科全面实践的"事业合伙人制度"，适切匹配其混合所有制的治理体制，以激发价值共创、强化责任共担、长期增值共享为核心理念，实践了经济利润递延奖金及其集合持股计划、项目跟投机制、事件合伙机制等多层次的机制创新，并在企业的战略生态布局、合伙奋斗文化、事业合伙组织及事业合伙人队伍等方面配套建设，形成"战略－机制－文化－组织－人"五位一体的制度体系性创新升级。

　　我们认为，这些来自中国标杆企业的制度创新实践，伴随着其在全球舞台上的业绩实证，也将为现代企业制度的发展升级提供来自中国的典型样本，为管理世界贡献中国智慧，为全球企业的制度选择提供更具多样性的范例，并在企业制度上兼容并蓄、系统创新，最终在人、组织、文化与制度等各方面实现和而不同、美美与共。

第七章
人力资源数字化升级（上）：
数字人本主义

数字化、智能化等新兴技术作为时代的先进生产力，开始全面嵌入融合到人类社会生活、生产的各个方面。尤其近年来，数字化的科技力量，开始纵深化地结合应用到企业组织的重构变革、企业人力资源管理机制的升级发展之中。但是，先进的科技力量既可以赋能于人、也可能给人们带来新的风险和挑战。我们首先在机理上强调，随着组织与人的管理方兴未艾地进行数字化升级时，应始终以人为根本目的，在数字人本主义的导向下赋能于人、发展于人、造福于人。

迈入数字经济时代

18世纪60年代，以蒸汽机的广泛使用为标志的工业革命使人类社会跨越"人工时代"进入"机器时代"，工业迅速发展超越农业；19世纪60年代，内燃机和电动机掀起了第二次工业革命，人类进入"电气时代"；20世纪50年代，以计算机为代表的新型技术的应用，使生产力得到了飞速发展；20世纪90年代以后，数字技术的出现又掀起了一场新的技术革命，信息化、数字化和智能化急速推进社会的整体发展，人类社会进入了数字经济时代[①]。数据成为除土地、劳动

① 中国信息通信研究院. 中国数字经济发展白皮书（2020年）[R/OL]. (2020.7).
http://www.caict.ac.cn/kxyj/qwfb/bps/202007/t20200702_285535.htm.

力和资本等传统生产要素以外的一个战略新型生产要素，成为经济发展的新动能。

数字经济正以前所未有的规模和速度彰显着力量和气势。2019 年数字经济的规模已经占据世界 GDP 的 4.5% 至 15.5%[①]。数字经济的蓬勃发展，数字技术与实体经济的深度融合，也对我国的传统产业进行了改造升级和赋能。2019 年我国数字经济增加值达 35.8 万亿元，占 GDP 比重达到 36.2%，占比同比提升 1.4 个百分点，数字经济在国民经济中的地位进一步凸显；同时产业数字化也持续深入推进，2019 年我国产业数字化增加值约为 28.8 万亿元，占 GDP 比重为 29.0%，数据集成，平台赋能成为推动产业数字化发展的关键。[②]

如习近平总书记指出："要构建以数据为关键要素的数字经济。建设现代化经济体系离不开大数据发展和应用"[③]。人工智能、大数据、物联网、云计算等数字技术拥抱传统产业，驱动着传统产业的转型升级。从生产数字化、办公数字化，到智慧城市建设，再到各类新型基础设施建设的不断完善，为人民群众社会不断创造出更好的数字化生活。数字技术所掀起的浪潮正席卷向各行各业，推动社会效率的提升和经济结构的优化，企业与人正在数字浪潮中共同探索发展，以科技创造美好未来。

---

① 联合国.2019 年数字经济报告 [R/OL].（2019.9.4）.https://unctad.org/system/files/official-document/der2019_overview_ch.pdf.

② 中国信息通信研究院.中国数字经济发展白皮书（2020 年）[R/OL].（2020.7）.http://www.caict.ac.cn/kxyj/qwfb/bps/202007/t20200702_285535.htm.

③ 习近平在中共中央政治局第二次集体学习时的讲话.

数字化纵深穿透

随着数字化技术在消费、社交、产业等领域的纵深穿透，它也正在进一步推动企业组织、运营、人才等各方面的变革升级。

信息技术与商业相结合的最早形式是门户网站，它为人们提供了综合性的互联网信息资源和应用服务，也改变了人们获取资讯的方式。新浪、网易、搜狐等门户网站一时间获得了巨大的发展，开创了新的盈利模式。

紧随其后，互联网和消费及社交界面的结合释放出巨大的生命力。以京东、阿里为代表的新型消费平台的出现与发展，从本质上改变了消费者的行为习惯，也为传统商业、线下零售商带来了新的势能；互联网引发的社交革命，将人们带入虚拟化的网络空间，打破了人际传播的时空距离。这都使人们的日常生活与交流更加依赖于电子信息网络，也使数字化技术穿透到了人们日常生活的层面。

更进一步，数字化技术与产业链的结合，将技术进一步穿透到产业层面，回归到产业与实体经济中，以大数据、物联网、云计算、人工智能等为代表的数字信息技术赋能、改造和升级传统行业、带动新兴产业崛起，以智能制造为主攻方向推动产业技术变革和优化升级，实现企业以及产业层面的数字化、网络化、智能化发展，全面提升了制造业产业链生产效率和价值增值空间。

而今站在数字化浪潮前端、方兴未艾的，是数字技术与企业管理功能和组织系统更深入的穿透与结合。在各项管理职能中，财务、会计工作天生具有数据属性，所以财务与数据的结合是最早发生的。在20世纪80年代，企业就已经有了将计算机技术应用于会计、财务电算化等实践，当前则进一步向着智能会计、智能财务的方向发展。

信息和数字技术进而与企业的运营管理更多地结合起来，追求零库存、流程系统优化、以产定销等运营提升的目的。20世纪中期，美国质量管理专家戴明基于信息反馈原理提出了全面质量管理应该遵循的科学程序，即计划－执行－检查－处理（简称PDCA）循环管理模式。这一管理模式对于管理中所出现的一些数据的分析、对比、反思，对于成功实现全面质量管理具有重要的意义。到了20世纪末，摩托罗拉提出了6Σ质量管理，通用电气等标杆企业也都积极推行追求高质量、高精益的管理。

随着互联技术不断深化发展，数据技术进一步与营销和客户关系的职能相结合，发展态势十分迅猛。在这样一个消费者具有高度自主意识的时代，应用数据技术精准挖掘、描摹客户需求成为重要趋势。利用消费者在消费或日常其他行为中产生的数据和信息，企业开始从海量对的互联网数据中搜集并预测消费者行为数据，客户实时交互、企业敏捷响应，精准描摹客户画像，制定出更精准的营销组合，根据其不同的偏好、兴趣以及购买习惯等特征有针对性，准确地向他们推销最合适他们的产品或服务。

从财务会计、运营到营销，数字技术与管理职能不断深入结合，开始进一步嵌入到组织与人力资源管理的职能场景中来。随着移动互联网的迅速发展，人与人的连接、人与组织的连接、组织与组织的连接、人与物的连接、物与物的连接逐渐强化，而充分的连接带来了复杂的管理挑战。此外，社会化企业的崛起，零工经济、自由职业者的兴盛，也让连接突破了组织边界。"新人类"85后、90后逐渐成为社会劳动力的主体，他们所具有的全新的价值主张、互联网体验也与新经济、新组织一起推动人力资源利用新技术进行数字化转。

管理升级新浪潮：人力资源管理数字化

数字化技术与组织内部的管理系统、工作场所及人力资源管理相结合的形式，正呈现出方兴未艾的显著趋势。不管是头部企业的率先实践，还是人力资源数字化产品服务商的迅猛发展，都从不同的角度证实了人力资源数字化转型的必然趋势。

近年来，以提供人力资源智能化解决方案为主要业态的科技型、创新型企业已成为全球资本追逐的，在各种创新企业排行榜上独领风骚。这些以软件即服务（Software-as-a-Service，以下简称SaaS）为交付模型的人力资源专业智能软件服务商迎来了蓬勃发展的时期。在《福布斯》杂志发布的2018年全球最具创新力企业百强榜单中，排在第一位的现在服务（Servicenow）公司，自2004年成立后，一路高歌；2012年上市，3年后市值突破100亿美金。榜单第二位的是企业人力资源技术供应商工作日（Workday），它是通过云计算构建高度定制化的前端应用，成立仅13年，却有一半的《财富》50强企业和超过35%的500强企业都在关键性业务运营中使用其人力资源和会计部门管理支持系统。而SaaS模式的创立者——赛富时（Salesforce）位于榜单第三位。IDC 预计到 2022 年，Salesforce 将会产生 330 万个新岗位，创造 8000 亿美元的新业务收入。这些市值巨大、潜力无限的创新型企业都将人力资源品类的软件服务作为自己的主营业务或主营业务之一。由此我们也可以看出，人力资源的智能化解决方案服务业态是最具创新力的业态之一。

另一方面，技术标杆企业近年来都在自主开发或者采购组织与人力资源管理的技术化服务业务。微软云自主研发变革，开发了微软人力分析（Microsoft Workforce Analytics）系统；脸书（Facebook）也不断升级企业团队通信管理工具，脸书工作场所（Workplace by Facebook）的功能涵盖了越来越多的人力资源管理模块。我国的标杆企业平安、百度、阿里、京东等标杆企业，也做出了同样的选择，在人力资源模块广泛应用人工智能等新技术。例如，平安智能 HR 产品 HR-X 赋能直线和员工，使这些核心用户自主、自助满足需求，搭建起从员工第一次接触平安，到上岗、在岗、离岗的全职业生命周期的数字化场景应用。同时平安还搭建了大数据平台，设立了画像产品线，为每个岗位、员工形成画像，并以此作为数据化的核心驱动，形成了对各类数字化应用的有力支撑。此外，阿里巴巴的钉钉、腾讯的企业微信已经服务了千万级的中小企业，把中小企业客户的工作和组织运行都搬到了线上。

提到技术与工作场所的结合，在疫情影响下远程办公全面展开。数字技术推动了工作形态的转变，兼具灵活性和适应性的远程办公形式也越来越受到追捧，极大提高了企业应对社会风险的能力。在美国，远程办公是一种常态化的办公形式。据2019年ACS调查报告显示，约470万美国员工远程办公时间超过了总办公时间的50%。2020年，世界范围内新冠疫情的爆发，催化了远程办公时代的加速到来。社交网站Facebook的CEO马克·扎克伯格公开宣布未来10年内将允许公司半数员工在家办公；社交网站推特（Twitter）表示，即便疫情结束，公司也将允许员工继续在家长期工作。这些巨头级企业纷纷做出类似的决定，将可能引起整个科技行业办公方式变革的连锁反应。技术发展带来工作形式的颠覆性变革，职场人开始有条件思考和探索弹性工作制，数字化技术打破工作时间和地点的限制，不仅可以更好地实现工作与生活的平衡，同时可以激发和拓展工作更大潜能。

几十年来，数字化浪潮一步步推动企业探索新兴技术更广阔的发展前景，从最初的门户网站到如今纵深穿透到企业的各个环节，数字化技术正在释放其不可估量的势能。而人力资源数字化是这一浪潮的前沿浪尖，是企业数字化进程中重要的一个环节。当数字化技术真正赋能于人，人的势能也才能够进一步释放；当数字化技术与人协同并进、共同推动社会经济的长足发展，一个前所未有的时代即将开启。

构建数字化的管理文明：数字人本主义

尽管数字化技术推动企业向数字化生产转型以提高生产效率是大趋势，然而数字经济的发展不能一蹴而就，传统实体经济产业链、供应链、价值链能否真的通过数字技术得到真正的优化，产业、资本、技术、组织、人才和数据如何融合共振实现数字赋能，是数字经济发展过程中必然要思考和解决的问题。

科技如何成为第一生产力？

其实，信息技术与生产率的关系，是学界与实践界长期关注的一个话题。特别是在第二次世界大战后，美国经济部门的生产率进入快速增长的黄金时期，但是到了 1972 年以后，生产率增长明显减缓。到了 20 世纪 80 年代，美国经济部门出现了一个具有划时代意义的变化——计算机革命，以计算机为代表的 IT 产业异军突起，美国各个行业对 IT 设备的投资也迅速增加，社会各行各业期待着信息通信技术（Information and Communication Technology，以下简称 ICT）能够带来生产率的复苏。到了 20 世纪 90 年代后期，虽然生产率经历了短暂的复苏，但是随着信息技术泡沫的破裂，生产率的下降趋势更为明显。面对这个现实，诺贝尔经济学奖获得者罗伯特·索洛通过对比美国在不同阶段全要素生产率和劳动生产率的增长情况，发现以计算机为代表的信息技术并没有带来生产效率的提高。于是他提出了"计算机无处不在，而他对生产率的作用却微乎其微"（You can see the Computer age everywhere but in the productivity statistics）[①] 的观点，这也就是著名的"索洛悖论"（生产率悖论）。自索洛提出"索洛悖论"以来，有关信息技术与生产率的研究与争论持续不断。

信息技术的快速发展、应用，到底能不能提高生产率？过去十几年间，有不少的先例都向我们展现出了一个令人迷惑的现象：生产率

---

① Solow, R. M. We'd better watch out. New York Times Book Review, 1987, 36.

增速的放缓和看上去一日千里的信息技术发展很难匹配。对于索洛悖论存在的原因，不同的学者给出了不同的解释。雅各布斯（Jacobs）和纳辉斯（Nahuis）等学者将索洛悖论归因为学习成本，当一项新技术应用于真实的生产过程中时，高技能劳动力需要花费时间成本以熟悉和掌握该项技术，造成短期的生产成本的提高[①]。保罗·大卫（Paul David）则从产业协同理论出发，认为只有在这些投入了新兴技术变得廉价而普遍时，不同的部门间才能形成互为市场的良性循环，从而实现生产率的提升[②]。这些学者将索洛悖论归结于"时滞"，新兴技术的应用创造真实的价值、带来生产率的提高只是一个时间问题。

不管是索洛悖论还是罗默和阿吉翁等人提出的新增长理论，这些关注技术进步的增长研究的展开似乎都建立在这样一个前提之上——新技术一旦出现，就会自动转化为创新和效率改进，这些新技术引发的变革会在经济体内部自动扩散，并轻易地渗透到各类产业和所有企业，从而实现生产率改进和经济增长。但当我们打开技术创新的"黑箱"，探究技术进步与生产率增长之间的逻辑关联，才有可能真正发现悖论存在的原因。

随着实践与研究的深入，大部分的研究都发现 ICT 等技术的投资是有助于提高企业生产率的，并且显示出比非 ICT 投资更高的总边际

---

① Jacobs, B., & Nahuis, R. A general purpose technology explains the Solow paradox and wage inequality [J]. Economics Letters, 2002, 74(2), 243-250.

② David, P. A. The dynamo and the computer: an historical perspective on the modern productivity paradox [J]. The American Economic Review, 1990, 80(2), 355-361.

回报率[①]。新型技术有助于提高企业的生产率在某些程度上来说，已经成为一个不争的事实。然而，进一步研究发现，并非所有企业都能够同等享受新型技术的福利，那些配套开展"组织变革、无形资本、协同创新、人力资本和管理"等方面变革的企业表现出了更好的生产率回报[②③]。

在破解索洛悖论的过程中，人们形成了一个新的共识，即新技术本身的应用以及其资本投入，未必能够直接转化为生产率，必须要配合组织形态以及人力资本水平的提高。有学者认为组织变革、技术进步与人力资本之间构成一个互补系统，共同作用于企业绩效[④]。一方面新型信息技术的使用会便利企业的生产流程、降低生产成本，对企业生产率产生直接的效应。作为一种技能偏向型技术，技术的应用与转化过程需要匹配高水平的人力资本水平，最终表现出更高的生产率。另一方面，新技术的应用会带来组织、管理、生产流程等的改变，赋予劳动者更多的自由量裁权，高水平的人力资本不但能更加灵活、更快地使用新技术，而且更容易适应新的流程与组织模式，并产生协同

---

① 何小钢，梁权熙，王善骝. 信息技术、劳动力结构与企业生产率——破解"信息技术生产率悖论"之谜 [J]. 管理世界，2019，35（9）：65-80.

② Bloom, N., Sadun, R., & Van Reenen, J. Americans do IT better: US multinationals and the productivity miracle [J]. American Economic Review, 2013, 102(1), 167-201.

③ Akerman, A., Gaarder, I., & Mogstad, M. The skill complementarity of broadband internet [J]. The Quarterly Journal of Economics, 2015, 130(4), 1781-1824.

④ Milgrom, P., & Roberts, J. The economics of modern manufacturing: Technology, strategy, and organization [J]. The American Economic Review, 1990, 511-528.

创新①。此外劳动力的结构也会影响技术的价值转化结果②③。

这些都告诉了我们索洛悖论的答案：新兴科技的确可以解放生产力，但是组织变革、人力资本与管理的改革深刻影响着新型技术向生产效率的转化过程。科技是第一生产力、人力资源是第一资源，两者兼容结合，才会实质性地释放出更先进的生产力。

新兴科技会成为劳动者新的束缚吗？

然而，科技力量在和人相结合的过程中，会不会又成为人的枷锁？20世纪以来，现代技术体系展现出了改变整个世界经济和人们生活水平和发展方向的巨大力量，但是这种力量的本质和影响却是复杂的。尽管技术的产生和发展本质上都是人类认识自然和改造自然的结果，人类利用技术的最终目的是为了人类更好的生存与发展；但是随着技术的进一步发展，技术逐渐展露其晦暗不清的一面——当某种技术被过度应用的时候，往往会背离服务人、完善人的初衷，甚至变成人类发展的束缚，陷入技术发展的悖论之中，也就是我们在此处提出的"马克思－弗洛姆悖论"：当某种技术被过度应用的时候，可能也会导致人的异化，甚至束缚人的自由意志与创造进步。

早在19世纪中期，马克思（Karl Marx）就已经对技术悖论产生

---

① Krueger, D., & Kumar, K. B. Skill-specific rather than general education: A reason for US-Europe growth differences? [J]. Journal of economic growth, 2004, 9(2), 167-207.

② 邵文波，匡霞，林文轩. 信息化与高技能劳动力相对需求——基于中国微观企业层面的经验研究 [J]. 经济评论，2018（2）：15-29.

③ 何小钢，梁权熙，王善骝. 信息技术、劳动力结构与企业生产率——破解"信息技术生产率悖论"之谜 [J]. 管理世界，2019，35（9）：65-80.

了深刻的认识，他指出"作为社会的一个不可或缺的组成要素，技术的作用和意义首先在于为满足社会生产的要求和人类社会的需要"，但是他也深刻认识到"技术作为革命性的力量，是一种新的生产力，但技术的后果取决于社会生产关系"，所以"在我们这个时代，每一种事物好像都包含有自己的反面。我们看到，机器具有减少人类劳动和使劳动更有成效的神奇力量，然而却引起了饥饿和过度的疲劳。技术的胜利，似乎是以道德的败坏为代价换来的"①。

技术悖论是我们这个时代不可逃避的现实。人类心理行为学家、社会学家弗洛姆也批判和揭露了发达工业社会给人带来的种种弊端，试图唤醒困境中的人们，摆脱对机械和技术的盲目崇拜和依赖。特别是现存技术系统的两个指导原则，规定和控制了系统中每一个人的行动与思想。第一个原则是技术上能做的就应该最大限度地做，否认了人道主义传统所发展起来的价值，迫使人们在道德与思想的原则上不断退让。第二个原则是追求最大效率产出。对效率需求的强化会导致对个人需求的弱化，可能使人沦为社会效率机器某个没有个性的部件。

就像卓别林的电影中所表现的一样，在工业化大生产时代，随着流水线作业、自动化生产程度的提高，人的社会角色变得越来越单一化啊，机械地重复、被动地适应。人被物化为机器的附件，由机器操纵和支配，人失去了创造的自由，变成了物质的奴隶。而随着互联网时代的到来，我们进入了一个信息爆炸的社会，但是却面临了信息接

---

① 马克思恩格斯全集 [M]. 中共中央马克思恩格斯列宁斯大林著作编译局，编译. 北京：人民出版社，1972.

收窄化、信息结构失衡的风险，算法与数据的发展将我们禁锢在一个由技术编制的"茧房"之中，也就是美国法学教授凯斯·桑斯坦（Cass R. Sunstein）在《信息乌托邦》一书中指出的信息体系个人化所导致的信息封闭的"信息茧房"。技术的发展，现实除了其灰暗的力量，"侵吞身体和精神上的一切自由活动"[①]。

虽然技术的发展在很大程度上促进了社会经济效率的提升，但是我们必须正视技术过度发展可能迫使社会在这个十字路口朝着非人道化方向发展。然而就像弗洛姆（Erich Fromm）所说的"判断人类历史是进步的还是倒退的……唯一判别标准和真正的分水岭就是看它是否促进了人的解放、人的自由和人的全面发展"[②]。成为价值最终源泉的，必须是人，而不是技术。我们在引入和应用一个新技术的时候最基本和最重要的考量应当是达成人的最优化发展，而不是生产的最大化产出。

从经济学角度提出的索洛悖论呼唤技术的应用必须与组织形态、人力资本水平的提高配套而行，才能有效提高生产率。而马克思－弗洛姆悖论则从道德与人道主义价值层面提醒我们，要用好技术，使技术赋能于人，防止新兴技术应用的过度使用，使人反受其累。

因此，我们所提倡的"数字人本主义"，旨在强调：任何新兴科技的应用转化都应以人的发展和实现作为根本目的。无论在任何场景

---

① 马克思恩格斯全集 [M]. 中共中央马克思恩格斯列宁斯大林著作编译局，编译. 北京：人民出版社，1972.

② 埃利希·弗洛姆. 为自己的人 [M]. 孙依依，译，北京：三联书店，1988.

下，应用数字化等新兴科技推动社会和经济产业升级发展，都应以赋能、发展和提升人的价值实现为导向，既要避免以科技力量过度追求外在效率效益而束缚异化于人，更要严防科技力量可能对人的基本权益带来的损害风险。科技向善、以人为本。

数字化 + 人力资本的中国优势

虽然大多数技术进入中国的时间要迟于西方社会，但是当数字革命来到中国时，当数字化新兴科技的力量与中国第一资源——人力资源的力量进行结合时，将会释放出最宏大的先进生产力。

首先，中国具有极大的数据规模。中国天然地具有大体量的数据使中国成为数据强国的潜力极为突出。据全球知名的分析机构 IDC（International Data Corporation）在新发布的白皮书中预测：到 2025 年，中国将拥有全球最大数据圈。IDC 称，近几年来中国的数据圈以每年高于全球平均增长速度的 3% 的速度增长。2018 年，中国数据圈占全球数据圈的 23.4%，到 2025 年，这一比例将达到 27.8%。大体量的数据给中国带来巨大的结构性优势，尤其是来自规模的优势。从某种程度上来说数字化技术的燃料就是数据，这些庞大的数据可以用来预测、提高效率，带来更大的收益。而且不同于西方国家对于如何共享和使用消费者数据争论不休，中国对于数据的使用显然持有一个更加包容和开放的态度。2020 年 4 月 9 日，中共中央、国务院发布的《关于构建更加完善的要素市场化配置体制机制的意见》明确提出要培育数据要素市场，表明数据要素是信息化时代的战略新型生产要素，其中明确了强化数字资源的公共属性，推动政府立法明确公共数据占有主体有序开放共享的机制。因此，中国的数据优势为中国科技企业带来了海量数据，有利于它们开发尖端金融技术和人工智能（AI）等最新技术。

第二，政府参与布局，建设数据强国。一方面，中国将大数据纳入了国家重大战略，发布了一系列促进数字化产业建设的文件，如《大数据产业发展规划（2016–2020年）》《促进大数据发展行动纲要》《关于推动基础设施高质量发展的意见》《数字化转型伙伴行动倡议》。中共中央政治局常务委员会会议强调"加快5G网络、数据中心等新型基础设施建设进度"。中国政府将数字化转型作为夯实国家经济实力的重要抓手，政策的支持为数字化的发展提供了重要的推动力，创新性地构建起政府和社会各界联手开展数字化转型精准帮扶的生态体系；另一方面，新型数字化技术基础设施的建设是信息技术、互联网技术、新能源技术和高端装备技术等高技术产业化应用和发展的结果，又进一步支撑乃至催生新产业、新业态和新模式的发展，顺应了未来经济和社会转型发展、高质量发展的新趋势、新要求。从前期的生产数字化、办公数字化，到后来的智慧城市建设，再到各类新型基础设施建设的不断完善，这些探索都为技术与产业融合提供了试错、容错、改进、提升的难得机会。

第三，在这一场数字化革命中，中国的企业也展现出了坚持创新与变革的决心。从对数字转型开始了解与摸索，中国企业已经跨越到了全面接受和拥抱的进程，中国企业积极拥抱变革的心态也为他们带来了显著的成效。在《2019埃森哲中国企业数字转型指数研究》中，研究显示中国企业数字转型正在全面推进，总体平均分数比 2018 年提升超 20%；领军者企业数量比例也提升至 9%。中国的各类企业都带着高度的驱动传统产业数字化转型的认同度，积极探索着数字技术与各类技术的广泛连接。大数据、云计算、物联网、人工智能、5G 和区块链等数字技术在不同行业、不同业态的广泛应用相互促进、循环发展，中国企业携手共建数字经济新模式。

第四，中国是人力资本大国，数字化赋能人力资本必将释放其蓬勃的生命活力。根据第六次全国人口普查结果，中国总人口约 13.7 亿人，作为人口大国，庞大的人口基数释放出的人口红利是世界上其他国家很难比拟的。更重要的是，中国也是教育大国，近年来人口素质不断提高。当数字化技术赋能到中国庞大的人力资本积累上，将释放巨大的创造力和生命力。

第八章
人力资源数字化升级（下）：
关键方法论

大量研究和实践表明,数字化转型升级失败失效的概率是很高的,充满挑战和风险。对于人力资源数字化这个新兴领域而言,更需要有系统性的方法论和路线图,纲举目张,配套组织系统变革,把握关键要点、循序推进。

嵌入系统变革、三段论推进

很多研究和经验大多强调,企业的数字化转型升级作为一项系统工程,不应成为一项孤立封装的专项工作,而应配套融入企业经营与组织系统的变革过程之中,或者说数字化科技力量的引入过程,本身就是企业经营管理体系变革的内在构成。否则,皮之不存、毛将焉附,如果线下经营管理系统本身没有进行变革升级,仅仅加载某些数字化的科技功能,往往是难以实现良好效果的。

截至目前,我们以中国上市公司为样本,在全球发表了首篇以"人力资源管理数字化(HRM digitalization)"为关键词的实证研究[1],在

---

[1] Yu Zhou, Guangjian Liu, Xiaoxi Chang, Lijun Wang. The impact of HRM digitalization on firm performance: investigating three-way interactions [J]. Asia Pacific Journal of Human Resources, 59(1): 20-43.

人力资源数字化的领域，实证检验了在数字化升级中进行配套变革的重要规律。

我们的研究发现：如果企业仅仅是引入或开发人力资源数字化的线上功能，该方式对企业财务绩效增长影响贡献仅有4%左右。如果企业在进行人力资源数字化过程中，同时配套变革优化企业人力资源管理机制的成熟度，该方式对企业财务绩效增长的影响贡献可达6%以上。在线上数字化系统开发与线下机制成熟度优化相向配套而行的基础上，如果该过程是由企业人力资源部门和业务部门持续交互协同推进的话，该方式对企业财务绩效增长的影响贡献可达8%以上；如果该过程是由人力资源部门与企业高层共同协同推进的话，此时对企业财务绩效增长的影响贡献则可达到11%以上。如果企业在推进人力资源数字化过程中，既同步进行线下机制的优化改革、又由人力资源部门与业务部门和企业高层交互协同推进，这种实现方式对企业财务绩效增长的影响贡献可达23%以上。

可见，从人力资源数字化的角度来看，数字化升级必然要求与企业本身线下组织管理机制的变革配套而行，且要求参与主体部门之间全程协同推进，这样才能让数字化升级切实地带来对企业价值创造的显著促进作用。概括而言，数字化升级过程中，系统变革是根本、协同推动是保证。

更进一步，人力资源数字化升级时，结合企业业务和组织系统的变革推进，我们提出了一套"USI三段论"的基础方法路线，即：明确数字化效用靶向（Utility）—聚焦应用场景（Scenario）—循序铺排

路线图（Itinerary），这个三段论的方法论可结合下图 8-1 来描绘人
力资源数字化升级的规划地图。

任何数字化技术功能的开发或引入，首先应明确其效用目的。数
字化技术带来的效用，包括帮助企业提效率、增效益、降成本、资源
使用更精益、资源配置或管理动作更精准、防风险、增体验或者节能
降耗更绿色等。

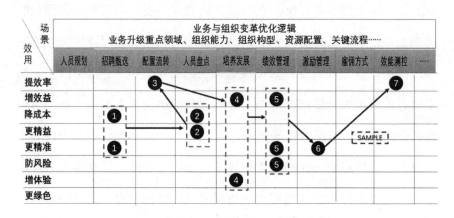

图8-1　HRM数字化效用-场景-路线图规划地图

明确效用目的这个步骤，通常应与数字化技术应用场景的分析选
择，相互对表、同步进行，即回答好"要将数字化技术应用在什么场
景下、以达到什么效用目的"这个关键问题。应用场景的聚焦选择，
可以按两个层次展开：其一，先从企业业务升级的逻辑、组织系统的
变革发展要求，来导出所需人力资源功能优化的重点领域；其二，在
人力资源重点领域场景中，去明确需达到的优化效用目的。

如图 8-1 中所描绘的例子，该企业基于自身业务和组织发展变革
要求，首先规划将在招聘甄选等七个人力资源专业功能场景下，持续

进行数字化升级。然后明确在每个专业功能场景中需要达到的效用目的，如在招聘甄选功能场景中，该企业希望通过数字化引入提高人员招选的精准性、降低招聘成本，进而企业就应以提高招聘的精准性和降成本，作为其开发或选择数字化招聘工具时的重要标准。

例子中，企业就七个人力资源专业功能场景进行数字化优先级进行规划，铺排先来后到，则成为该企业进行人力资源数字化升级的一个基础路线图，作为指引、循序开展。

以上是就人力资源数字化的过程方法论，提供了"USI 三段论"的分析规划工具。从人力资源数字化所涉及的内容来看，它又包含着人力资源计量（HRM Metrics）、人力资源分析（HRM Analytics）以及人力资源智能化（HRM Intelligence）开发应用，这三大内容构成。

人力资源计量与分析

人力资源计量与分析通常是密切联系在一起的基本动作。人力资源计量主要就人员及人力资源管理的相关信息，进行标签化、指标化的数据转化和计量，并结构化地进行指标数据的积累存储，实现对人员及人力资源管理相关特征的计量化水平。简单而言，把信息转化为数据，完成指标化计量的基本功，帮助企业积累形成有关人力资源的数据资产。人力资源计量为人力资源分析提供了数据基础。人力资源分析则在于基于管理问题与目的，通过一定的统计算法挖掘分析数据与数据之间的关系，发现实证性的规律，基于数据分析发现去循证化地提升人力资源管理活动的有效性。

在进行人力资源计量与分析时，通常涉及个体和组织两个层面的数据基础建设。

针对人员个体：主要是综合积累有关人员基础人口统计学特征、能力、行为、绩效、薪资等多维度的员工数据标签，形成"人－数合一"的员工数据账户，适时跟踪、持续积累员工多维度的数据。可基于不断积累的员工数据，适时生成越来越精准的员工画像，进而为提高员工管理手段的精准有效性，提供数据描摹基础。

针对组织：则主要在于构建有关组织人才队伍整体状态、组织人力资源管理有效性的计量评估指标体系，以为从组织整体层面挖掘分析人才队伍、人才管理机制的特点、问题和内在规律，提供企业级的数据基础。

相对于积累个体层面的多维度数据而言，企业组织层面的人力资源计量体系及数据平台建设，往往更加不易。在企业组织层面如何去计量和体现人力资源及人力资源管理对企业的价值，到目前为止这仍是一个尚未完全解决的问题。尽管人们似乎都倾向于对"没有测量就没有管理"这一管理格言表现出认同，但是当生硬的数据计量与软性的人力资产联系起来的时候，企业便往往难以适从。一项针对美国968家企业的调查显示[1]，对有关人事成本和人力资源经济效益等方面采取了正规测量程序的企业平均仅为8%，基于直觉进行主观性评估

---

[1] Huselid, Mark A., Richard W. Beatty, and Brian E. Becker. The differentiated workforce: Transforming talent into strategic impact[J]. Harvard Business Review, 2009.

的企业平均占 37.5%，而未做任何计量评估的则占到 54.5%。

实际上，人力资源作为组织知识和智力资本的最根本载体，已经成为当前企业建立竞争优势的最主要来源。相对于资金、物资设备等有形资产而言，人力资本作为一种典型无形资产的价值，在理论上已被人们所认同。但另一方面，人力资本的价值则往往较难严格量化。特别从企业层面来看，组织内部的人力资源结构、行为心理状态、管理制度特征及其各方面的因果关系等，更加具体而复杂，加之企业内部微观数据的积累也相对比较薄弱，这便使得组织层面的人力资源计量更加具有操作上的难度。这也是长期以来人力资源计量未能在管理实践中得以有效开展的重要原因。

虽然不易，但是组织的人力资源计量也形成了一些不同角度的研究和方法，特别是在企业对数字化日益重视的趋势下，人力资源计量与分析也进入快速发展的阶段。我们将对当前已有的人力资源计量分析主要范式进行系统梳理，并在此基础上提出更具整合性的方法框架。

人力资源会计（HR Accounting）

人力资源会计是在 20 世纪 60 年代由美国会计学家赫曼森（Hermanson）首次提出来，它的产生主要是源于 20 世纪五六十年代兴起的行为科学、人力资源理论和电脑技术的发展。20 世纪 60 年代中期，美国会计学会和密歇根大学的研究团队就开始对人力资源会计的系统研究，形成了包括人力资源成本计量和人力资源价值计量两个方面的会计计量模型。20 世纪 80 年代起开始有我国学者对西方人力资源会计研究的相关成果进行介绍，至今仍作为管理会计的构成内容，处于探索阶段。

美国著名人力资源会计学家埃里克·弗兰霍茨（Eric G Flamhohz）认为"人力资源会计师把人的成本和价值作为组织的资源进行计量和报告的活动。"而美国会计学会人力资源会计委员会在1973年为人力资源会计所下的定义为："人力资源会计是用来确认和计量有关人力资源会计的信息，并将这些信息传递给有关利害关系人的程序"，这个定义一般被广泛地采用。

会计的过程在于计量，会计计量是会计的灵魂，是会计系统的核心职能，而会计计量又主要是把数额分配于具体事项，以一定的数量关系来反映物品或事项的本质或本质联系，然后通过一定的在线主体（比如财务报表和财务信息）来反映在线客体（比如财务状况和经营成果）的本质或本质联系。因此，会计计量对于会计来说是很重要的一部分。而人力资源会计作为会计的一种，会计计量同样有着非常重要的意义。要使其系统的运行，一套恰当的会计计量理论是必不可少的。人力资源会计计量主要解决计量尺度和计量属性方面的问题，但人力资源会计计量至今也未得到突破，主要原因在于人们试图计算出人力资源全部成本与全部价值，但人力资源的形成非常复杂，既有先天因素，也有后天因素，后者为主要因素，人类资源的载体—人的生长、成长环境千差万别，大量的因素无法计量，其成本无从考虑；受人的主观因素、身体、心理及社会环境因素的影响，人类资源的发挥具有很大的弹性，其价值无法完全计量，但这并不等于人力资源不可计量。传统的会计以货币作为计量尺度，而人力资源价值的许多特性是货币无法表现的，所以，我们对于人力资源会计除了货币计量外，还必须合理地运用非货币尺度来反映。

根据人力资源会计的分类，我们可以将人力资源会计的计量问题从人力资源成本计量、人力资源价值计量和劳动者权益计量三个方面来探讨。

人力资源成本包括：（1）人力资源的取得成本（含招聘成本、选拔成本、录用成本、安置成本等）；（2）开发成本（含入职定向培训成本、在职培训成本、脱产培训成本等）；（3）人力资源使用激励成本（含维持性工资费用成本、奖励成本、其他福利性成本等）；（4）人力资源替换重置成本（含遣散补偿性成本、离职前绩效差别成本、空置成本等）。

在人力资源价值计量方面，会计学的视角主要形成了基于工资报酬、基于总量收益、基于人力投入以及基于完全劳动价值四种典型方法。其中（1）基于工资报酬的方法主要是对员工未来的工资报酬进行折现计量。（2）基于总量收益的方法其原理简单来说即是将收益按人力资本比重进行分摊，主要是将企业或部门在未来某段时间内所获得的预期收益按人力资源投入率进行折算，以得出属于人力资源投资所实现的收益现值。企业的收益预期或其超出行业平均水准的赢利（商誉）通常被建议作为人力资源价值的收益总量基数；一些模型还将员工职业变动等可能性作为概率参数引入到计量中来。（3）基于人力投入的方法则是从成本的角度，以人力资源的投入和加工成本总额作为企业人力资源的价值，但是这种以成本来反向体现价值的方法通常受到批评，主要在于（历史的）成本投入并不能反映（未来的）价值增量，从投入到人力资本价值增值的机制被忽略了。（4）基于完全劳动价值的方法主要在于测定人力资源的补偿价值和剩余价值的限制总和，是一种将人力资源成本存量和价值增量相将结合的方法。

劳动者权益会计是在继承人力资源成本会计、并对人力资源价值会计进行改造的基础上提出的。劳动者权益会计通过对传统会计等式的重构，实现了人力资源价值会计与传统财务会计相融合。它在承认人力资源是有价值的经济资源的基础上，更进一步提出人以劳动者的身份参与企业的生产经营，人对企业的贡献高于其他任何物质资源，所以他们应该同物资资源的所有者一样享有对企业新出价值的分配权。这种权益包含两项内容：一是法定的劳动者权益，指国家为保障劳动者个人或集体利益而以法规形式明确从成本、费用中计提的补偿性劳动者权益，按劳动力市场机制和当时的生活资料价格来确定；二是实现的价值增值部分，按留存的劳动者权益以及劳动者的实际贡献，进行资产性收益分配和劳动者权益的收益分配后，划归劳动者权益的部分。

劳动者权益会计为实现对传统会计等式的重构，提出了人力资源投资、人力资产、人力资本和劳动者权益这四个概念。人力资产是指企业所拥有或控制的可望向企业流入未来经济利益的人力资源。人力资本与人力资产相对应，它代表劳动力的所有权投入企业形成的资金来源，性质上近似于实收资本。劳动者权益概念的确立是劳动者权益会计的关键。劳动者权益是劳动者作为人力资源的所有者而享有的相应权益，它包括：一是人力资本，二是新产出价值中的劳动者部分。在把前述四个概念引入会计等式后，劳动者权益会计就将传统会计等式重构为：物力资产"人力资产 = 负债 + 劳动者权益 + 所有者权益"。这一公式表明，在人力资源会计管理体系内，人力资源已成为企业组织的一项首要经济资源，并视同一项最重要的特殊资产进行价值核算与控制，劳动者不但获得自身价值的补偿、人力资源产权权益的体现，还将以知识性人力资源产权所有者的身份参与企业最终剩余价值的分配。

从应用性上人力资源会计方法还尝试着以会计记账的方式准则，来编制企业的人力资源会计报表（人力资源成本会计报表、人力资源价值会计报表或人力资源权益会计报表），或者将人力资源会计科目融入传统的会计报表之中。但由于人力资源各项计量科目的边界较难完全标准化和统一化，从而人力资源会计的一系列成本至今在国际和国内都没有被纳入标准的会计准则框架，在研究和应用上也一直是时冷时热。会计方法在强调了货币化和财务性得到计量，其最大的弱点在于未能深入体现人力资源各项管理功能的有效性水平，对员工本身的"软性"特征也没有涉及，而这些正是人力资源实现企业价值贡献的重要方面。

萨拉托加（Saratoga）人力资源标杆指标体系

为了避免会计方法侧重于财务信息的局限性，也有研究机构着力于开发更加系统和具体的人力资源测量指标体系，其中最为有影响的要数由人力资源计量的著名学者雅克·菲茨恩兹（Jac Fitz-enz）创立的萨拉托加研究院（Saratoga Institution）。该机构自 20 世纪 80 年代就开始专注于对企业人力资源有效性的测量进行系统研究，20 余年来基于来自全球 1000 多家企业的数据，持续不断地设计和优化推出了一系列人力资源测量指标，特别是包含了 250 个指标内在的企业人力资本测量标杆体系获得了广泛的应用(一些指标举例如下表8-1所示)。其中既包括衡量企业人力资源管理总体效果的财务性指标，如人力资本增加值（Human Economic Value Added，简称 HEVA）、人力资本总成本(HCCF)、人力资本增值(HCVA)、人力资本投资回报率(HCROI)以及人力资本市值（HCMV）等；也包括了评估企业人员整体结构、人员流动情况、薪酬效率、福利效率、招聘有效性、培训开发有效性、知识管理效果、领导力、职业生涯和组织发展计划、劳资关系、E-HR、人力资源外包等几乎各个功能方面的量化指标和计量方法。

表8-1　Saratoga人力资源计量指标举例

人力资源财务产出类指标	人员配置与成本类指标	人力资源管理功能类指标		
		薪酬	招聘	培训
•人力资本收益（收益除以全职当量数） •人力资本成本（薪资、福利、缺勤、人员流动、临时劳动力成本） •人力资本投资回报（收益-各项开支减去全员劳动力成本），除以全员劳动力成本） •人力资本增加值（收益-各项开支减去薪资与福利，除以全职当量数） •人力经济增值（营业税后净利润，减去资本成本，除以全职当量数） •人力资本市值（市值减账面值，除以全职当量数） ……	•管理人员百分比（管理人员全职当量FTE数量，占整个全职当量数的百分比） •临时劳动力百分比（临时劳动力全职当量数，占整个全职当量数的百分比） •雇佣增长率（替换雇佣的人数与新设置为的雇佣人数，占职工总数的百分比） •离职（损耗）率（自愿和非自愿离职的人数，占整个企业人数的百分比） •总劳动成本收益百分率（全员劳动力各项成本占总收益的百分比） •平均任期 •员工结构百分比 •人事费用百分比 •解雇率 •全职员工投资参数 •外包百分比 •咨询百分比 ……	•薪酬营业收入百分比 •总劳动总量收益百分比 •薪酬费用百分比 •临时成本营业收入百分比 •薪酬成本明细 •福利营业收入百分比 •福利费用百分比 •福利薪酬百分比 •福利参数 •医疗参数 •福利成本明细 ……	•雇用增长率 •新聘用比率 •内部调动比率 •职业路径比率 •单位雇用成本 •单位雇用成本明细 •职位空缺填补时间 •工作聘任书接受率 •签约奖金百分比 ……	•受训员工百分比 •培训成本参数 •培训薪酬百分比 •全职员工培训参数 •培训人员比率 •培训时数百分比 ……

萨拉托加研究院的指标体系和测量方法，最大的特点之一在于其全面性，将人力资源的最终财务效果与各项管理管理功能的评估整合

起来。其二是对于每一项的评估都充分把握住关键的环节和要点，测量明细十分具体（如对招聘效果，是将反应时间、空职填补时间、单位聘用成本、聘书接受率、聘用质量等成本、实效和质量因素进行综合计量；而仅聘用成本一项，又按照招聘的若干关键流程有着具体的测量指标），而且是通过"硬"数据和量化计量综合反映出每一项功能的成本－价值关系及其实际效果。其三，是该套指标体系的设计师建立在大数据样本进行严格分析的基础之上的，每类指标的测量值与企业绩效之间都存在显著的积极因果关系。其四，除了测量指标的开发之外，该机构的研究还发现了大量的经验性"数据"规律，如人力资源方面的成本支出通常大致为企业总成本支出的40%左右；企业销售收入中由人力资源成本投入带来的贡献份额其中值为26%，并在11%–46%之间浮动；员工离职成本大致为其所在岗位全年总报酬额的1.5–2.5倍；管理人员聘用和岗前培训成本平均约为非管理人员的9倍等，显然这些数据规律是有趣的，对实际工作也是有所助益的。

可见，萨拉托加学院的人力资源测量体系给人们提供了完整框架和基础。但同时我们也应该认识到，这一系列的数量关系和计量方法多数是基于欧美企业的样本得出的；如何在充分借鉴西方相关成果的基础上，开发符合我国企业的人力资源测量体系也是一项重要且富有挑战性的工作。

人力资源审计与指数评估（HR Audit & Index）

人力资源审计在国外已经有了70多年的历史，它的早期形式为人事审计，起源可以追溯到 20 世纪 30 年代。对人事审计做出开创性贡献的有英国管理专家罗斯和美国管理协会主席詹姆斯·麦金西（James Mckinsey），他们创造性地主张应对企业定期实行管理审计，并明确提出人事管理审计概念。

从 20 世纪 50 年代到 80 年代，随着程序、制度等作用的下降、管理文化的兴起以及企业对绩效目标的重视，人事管理开始向人力资源管理转变。随着美国对公用事业管理审计的加强，人力资源管理审计得到不断强化与发展并呈现出相对独立的特征。在这阶段人事管理审计已属于美国注册会计师管理咨询服务领域之一并在企业组织中逐步发展起来。对人力资源审计做出杰出贡献的有杰克逊·马丁德尔（Jackson Martindell）和托马斯·J·卢克（Thomas J. Luek），后者的《人事管理审计与评估》一书是第一部人事管理审计著作。

人力资源审计是伴随着管理的审计而产生的，在根源上它与人力资源会计有着较深的渊源，但是相对于会计方法的不同之处在于，所谓的审计则更强调它对人力资源管理功能、政策、制度建设以及合法性等方面做出评估和诊断。因此，一般意义上的人力资源管理的诊断调查也可被认为是人力资源审计的主要方式，包括问卷调查、现场观察和访谈调查等传统调查方法都可以综合应用，从而了解和发现人力资源管理制度的实施现状和存在的问题，为进一步优化人力资源体系的建设提供调查基础。

各研究者和专业咨询机构通常都设计和应用各自不同的人力资源诊断工具，或基于诊断工具开发相应的人力资源评估指数，其中典型的如雪勒·伦度（Randall Schuler）教授编制的"人力资源指数量表"，其包括了薪酬管理、信息沟通、组织效率、员工关怀、组织目标、合作、内部满意度、组织构架、人员关系、员工参与管理、工作团队、团队协作、一线管理和质量管理等 15 个方面的因素构成。企业可以通过该量表自测得出的指数水平与相应的基准值进行比较，来由标杆样本群体进行对标分析。

相对于以上的两种计量范式而言，审计调查及其指数方法有利于反应人力资源管理制度的具体实施情况，诊断问卷及相应的调查工具还可以基于企业需求进行定制化的设计及应用。这使得调查更具有更强的开放性，同时也降低了评估体系的稳定性。

人力资源心理行为调查（Employee Survey）

员工的态度、能力和行为等方面的状态是使其产生工作绩效、进而提高企业绩效的重要因素，甚至可以说是直接因素；人力资源管理的各项制度也正是通过引导、提升和激活人员的能力与行为来实现其机制效能。因此，对员工心理行为特征的把握和测量，是企业人力资源有效性计量的重要内容。一般而言，员工的工作满意度、组织公平感、组织承诺、敬业度、组织公民行为等心理行为特征通常被纳入员工调查的框架之中，因为已有大量的实证研究证明，这些心理行为变量对员工的工作绩效有着十分显著的正向作用，而且相应的测量量表也比较成熟，其信度和效度水平也都经过较为严格的实证检验。此外，随着对员工能力特征的应用性研究日益丰实，基于素质模型、领导力模型或人格特征模型的测量工具，也在选拔、能力评估、职业发展等方面获得广泛应用，这不仅有利于评估员工个体的能力个性状态、还有利于把握群体或团队层面员工之间的能力匹配状态。

员工调查通常是基于里克特（Likert）式量表获得定距数据，但它们仍然可以作为连续性变量来进行相应的相关或回归分析，从而有利于发现管理政策措施等对员工心理行为带来的影响，对检验人力资源制度的效果也有积极作用。实际上，西方卓越企业都有其针对员工态度、行为特征和领导力等方面的评估系统，而且还有专门的预算进行例行性或专题性的相关调查，以适时观察和了解员工的工作状态。相对来说我国企业在这一方面往往有所忽视，是人力资源管理工作中需要加强的方面。

人力资源计分卡（HR/Workforce Scorecard）

以上各种方式各有特点也各有侧重点，因此人们开始探索和开发更具全面性的测量体系，人力资源计分卡则是这样一种典型的综合性方法。从形式上看，人力资源计分卡在某种程度上具有"老瓶装新酒"的意味，即以平衡计分卡（BSC）的测量框架为基础，融入有关人力资源的测量内容。但是从本质上看，人力资源记分卡绝非仅是套用某种流行框架，来从四个方面罗列指标那样简单；如同平衡记分卡的核心逻辑在于传导企业战略一样，一套有效的人力资源记分卡是以明晰人力资源驱动企业战略的内在机制为基础的。

实际上，前文提到的萨拉托加研究院在开发各种人力资源计量指标时，已经设计过多种版本的人力资源记分卡，旨在将财务性和非财务性的指标进行综合应用以实现更为完整有效的评估。近年来具有国际性影响的人力资源记分卡方法，则是由贝克（Becker）与海塞里德（Huselid）教授等合作开发的，其主要特点在于将针对人力资源管理体系的评估、针对员工的评估以及传统的平衡记分卡进行了有机融合。通过人力资源管理记分卡（HR Scorecard）来评估：（1）人力资源管理体系与企业战略的一致性和匹配性。（2）人力资源管理各项功能举措的有效性。（3）人力资源管理者的胜任能力，进而体现人力资源管理制度体系驱动企业战略的联动机制。

通过员工记分卡（Workforce Scorecard）来评估：（1）员工的成长与成功。（2）领导力与工作行为。（3）员工的胜任力水平。（4）员工的战略与文化认同。以体现员工的心理、行为和能力特征与企业战略要求的匹配性，其中员工的成长与成功维度则与平衡记分卡中的学习与成长维度完整对接，从而形成了"人力资源管理体系评估—员工（人才队伍）评估—企业绩效 BSC 评估"相整合的系统评估框架。

相对于前面几种方法关注对测量指标的设计而言，贝克（Becker）与海塞里德（Huselid）教授则在于提供一套如何建立运行人力资源测量评估体系的框架和步骤方法，并特别强调了各主要测量维度之间的因果驱动关系。其实无论测量工具的形式如何，人力资源记分卡方法强调综合评估并建立人力资源与企业战略关联机制的主导思想，是十分值得借鉴的。

人力资源管理成熟度模型（People Capability Maturity Model，PCMM）

人力资源管理成熟度模型是美国卡耐基·梅隆的软件工程研究所

（Software Engineering Institute，简称 SEI）开发的一个管理架构，旨在帮助各类组织发展人力资源的成熟度，并突出与人力资源相关的核心问题。人力资源能力成熟度模型是基于人力资源管理的相关流程域构成的一种分级提升的系统模型，是持续提高组织整体人力资源能力的指南。人力资源能力成熟度模型是由成熟度等级、与每个成熟度等级相对应的流程域以及每个流程域的目标和管理实践构成的。

人力资源能力成熟度是一种在实践中被验证过的人力资源管理办法，其核心目的是提高组织中人力资源的能力（KASO）。人力资源成熟度描述了人力资源从不成熟到成熟的进化路径，以持续提高组织中人力资源的能力。实现人力资源管理能力提高的两种路径分别为实现可持续的过程改进和量化管理，过程控制是持续改进的基础，持续改进的最终目的还是为了更好地对过程进行有效的控制，过程控制和持续改进的前提是了解人力资源管理活动，通过定量的人力资源实践结果来引导控制和改进策略，并根据测量结果进一步判断人力资源管理过程控制和过程改进的成效。

人力资源成熟度标准被划分界定为 5 个等级，这 5 个等级既构成了一个过程系列，又构成了的一个又一个的阶段目标。人力资源管理成熟度等级通过稳步提升组织人力资源管理要素，实现组织人力资源管理能力的提升，从低到高依次由初始级、已管理级、已定义级、可预测级和优化级组成。除第一级以外，每一等级的结构均包含了实现这一等级的若干个维度和要素，并设定目标，达到目标后即意味着达到了这一等级的成熟度，低等级成熟度的实现是更高等级达成的基础，每一等级维度的目标的实现是逐步达成的，过程持续改进和逐步走向成熟是人力资源管理能力成熟度模型体系的核心宗旨。

初始级——在初始级的组织中，有能力的员工通常难以保留，多采用口号、标语以及劝诫的方法来应对人才匮乏的问题，虽然他们已经意识到人才对于企业的重要作用，但其人力资源管理维度和要素没有得到明确定义。

可管理级——组织人力资源管理能力成熟度处于已管理级组织的主要特征是管理趋于规范化，人力资源管理工作得到重视，管理中的常用文档逐步文档化，组织通过制定人力资源管理的规定和流程，实现对人的规范化的管理，企业逐渐具备了改善人力资源管理的基本能力。处于此成熟度等级的组织在执行人力资源管理要素时着眼于工作单元层面的活动，并在该层面建立起基本的人力资源管理制度，通过对各个工作单元的管理要素和数据的分析获取经验和技能，为更高成熟度等级的人力资源管理奠定坚实的基础。处于已管理级的管理者将人力资源管理活动作为首要责任，确保各种人力资源要素得以有效执行，并承诺持续提高员工的知识、技能及绩效，逐渐开发出一套人力资管理要素可重复的行为，员工看到组织内部的工作环境更合理时，他们会意识到组织会为其实现职业目标提供路径，员工就更倾向于留在组织，离职率也会出现下降。

可定义级——组织人力资源管理能力成熟度达到已定义级的主要特征是实现了人力资源管理的标准化。已管理级的企业已在工作单元中建立起基础的人力资源管理要素，但这些要素如何在企业范围内得到实施还存在不一致，企业下一步将通过建立基于这些要素的工作单元，通过人力资源管理与战略目标的联系，实现员工能力、工作单元能力以及企业战略发展的一致，此时，已管理级的人力资源要素经过分析、选择和标准化后，人力资源管理步入规范化的进程，企业建立起一套执行人力资源管理的制度与规定，并形成稳定的制度环境，进而在整个企业范围内得到广泛实施。在已定义级，管理者认识到人力资源管理能力是企业核心能力的重要支柱。同时，人力资源要素是否与企业的业务相匹配受到企业的关注，企业通过对业务流程的分析来确定所需的人力资源管理能力，并基于此制定战略性人力资源管理规划。

在此成熟度等级上，企业构建了基于人力资源结构体系的人力资源管理能力框架体系，每种人力资源管理能力都是该框架中的一个要素，随着这些能力及其执行过程被定义，企业在组建团队时，就可以通过标准的过程进行管理，而不仅仅依赖团队成员的人际技能。此外，企业在该层面也应建立有效的沟通渠道，鼓励员工参与企业决策中，增加管理层与员工的交流，形成一种建立基于对企业发展所需的知识和技能的共同理解上的组织文化。在已定义级成熟度等级中，人力资源管理实践已逐渐完善并标准化，并激励企业人力资源管理能力的不断提高。

可预测级——组织人力资源管理能力成熟度到达可预测级时的主要特征是可以实现人力资源管理的量化。在已定义级，企业建立了与组织战略、企业主营业务相适应的人力资源管理能力框架体系，当到达企业可预测这一成熟度等级时，企业将在此基础上实现对人力资源管理能力及各要素过程能力的量化。在各个工作单元中，对那些完成经营目标的关键流程的绩效进行衡量，对于流程绩效的度量可以用于管理以能力为基础的流程，企业管理者也可以用即时数据对工作绩效进行评价，必要时采取一定纠正措施，这些绩效数据也为企业的经营活动提供依据。对人力资源管理能力和过程能力的量化促进了组织绩效的可预测性，这些数据可以做出对管理活动未来产生绩效的准确预测，当涉及人力资源管理问题或流程绩效时可提出更好的决策，在该成熟等级上，定量管理人力资源管理能力使得组织的战略决策更加科学，也促进了组织运作细节问题的减少。

最优级——处于优化级的企业开始关注人力资源管理能力的持续改进，并运用第四级中确立的量化管理活动的结果对第五级成熟度的员工和工作单元能力、基于能力的流程绩效以及人力资源管理要素活动的改进。处于优化级的企业关注人力资源管理竞争力持续改进，这种改进是基于现有人力资源要素的逐步改进或采用创新性要素或技术开展的，每个人努力自身的能力，同时也对所在团队、部门和组织的绩效改进做出贡献。

当企业达到这一成熟度等级后，将创新管理作为一种规范、有序的日常管理活动，企业对流程可自发不断的改进，有效防止同类缺陷的发生。组织通过建立开发过程的定量反馈机制，不断产生新的思想，采用新的技术来不断迭代人力资源管理过程。

人力资源管理成熟度模型的每个等级都包含了几个关键过程领域

（Key Process Area，以下简称 KPA），一个成熟度等级内所包含的关键过程领域 KPA 按照相应的要求实施并有效得到实现是该组织到达人力资源管理成熟度的一个必要条件。除初始级外，每个级别都可以分解为若干个关键过程领域。依据 美国卡内基–梅隆大学提出的 P–CMM 模型，各成熟度等级关键过程领域如下图 8–2 所示。

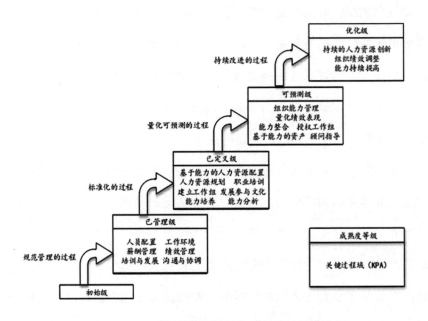

图8-2 人力资源管理成熟度各档级关键过程领域

通过人力资源管理成熟度模型，有利于牵引和推动人力资源管理持续改善升级。但同时，人力资源管理成熟度模式带有较强的工程管理逻辑，注重细节和过程，内容有些繁杂琐碎，关注人力资源管理的实践活动本身，在一定程度上忽视了人力资源管理与企业的整体发展战略的匹配性。

人力资源综合计量分析罗盘系统

以上介绍分析的人力资源会计、萨拉托加（Saratoga）人力资源标杆指标体系、人力资源审计与指数、人力资源心理行为调查、人力资源计分卡、人力资源成熟度模型，以及还有类似人才投资标准认证体系（Invest in People，简称 IIP）等各种涉及人力资源计量、评估分析的方法范式，都各有其优势特点和局限。

我们综合其典型特点，创新开发了企业"人力资源综合计量分析罗盘"系统，如下图 8-3 所示，它从六个基本维度，为综合计量评估组织整体人力资源及管理的效能状态，提供了一种整合性的框架方法。

图8-3　人力资源综合计量分析罗盘

其中，人力资源财务效益维度，直接体现企业人力资源的总体财务效果，通常以诸如人力资源投资回报率（HROI）、人力资源经济增加值（HREVA）、人均利润率等总体性财务指标进行测量。人才管理机制效能维度，则主要在于计量人力资源专业功能模块的适时运行情况。

人才队伍素质结构维度，则在于测量人才队伍的教育、专业技术技能水平，结构性指标则在于测量人才队伍在层次、类别等方面的配比配置情况。人才动态配置维度，则通过人才在组织内外进退流转情况的检测，把握组织人才的配置和流动活性。雇佣关系规范和谐维度则在于评估企业雇佣关系、用工方式的合法合规性，降低劳动争议或冲突风险。员工敬业与幸福感维度，则主要在于适时评估企业人员心理行为的状态，牵引组织营造积极正向的文化氛围。

无论采用哪种人力资源计量框架方法，在持续积累人力资源数据的基础上，通过相应的统计算法进行数据关系的挖掘分析，从数据中获得洞察、发现规律，指引管理的持续改善发展。

实际上，当前在人力资源管理的实践领域，能够如上文所述，将员工个体层面或组织层面积累起来的"小数据"，进行挖掘分析，循证化地进行管理活动的改进，这就已经是具有先进数据能力的企业作为了，而真正开始引入有关人力资源的"大数据"，通过智能化算法进行分析、驱动管理智能化升级的企业，其实是绝对的少数。

大数据通常被认为具有大量（Volume）、高速（Velocity）、多样（Variety）、低成本产生高价值（Value）、真实性（Veracity）等典型特征。如下表8-2所示，小数据与大数据在分析上，也存在一些显著的差别。当互联网、智能设备等无处不在、全时泛在地收集、编辑、存储人们日常发生的大数据，这使通过大数据来分析人们在生活、工作各种场景下的行为，逐步成为管理现实。

表8-2　小数据分析与大数据分析的典型差别

特征差别	小数据分析	大数据分析
理论逻辑基础	针对具体问题，依赖一定的理论逻辑，建立数据变量之间的关系	不必然需要依赖理论逻辑
数据来源与构成	通常是高度结构化的数据，严格设计实施数据收集过程；必要时进行数据随机抽样	包涵结构化或非结构化数据，通常由网络、智能设备等实际发生形成；全时全体数据
分析方法	采用通常的经济计量、心理行为计量等统计分析方法	数据的获取、清晰、结构化、可视化、解释和分析基于计算机程序算法处理
关系循证	通常探求数据变量之间的因果影响关系，基于因果关系做解释性的预测	不求因果，只挖掘数据之间的相关关系，基于相关关系做映射性的预测

人力资源管理智能化：探索与潜在风险

人工智能（Artificial Intelligence，简称 AI）作为新一轮科技革命的重要的技术构成本身，开始无孔不入的推动各行各业的技术结构的升级，进而推动行业形态的转型升级。

早在人工智能的时代到来之前，人类已经在人工体能之路上探索数千年。人是体能与智能的统一，人的体能主要指通过四肢的运动表现出来的"人的生物和物理能量"。"人工体能"则意味着，人不仅借助自己身体形成的自然力量，还通过制造及使用工具而模拟、延伸和扩展自身的体能。从石器时代、青铜时代、铁器时代、蒸汽时代到电气时代，人类发明创造生产工具、机器等体能工具，借助"人工体能"极大地提高了生产效率，促进了社会进步。然而，"人工体能"无法将经验、思维、感知、记忆、情感、判断、创造等人类"智能"的一面进行模拟。

1956年"人工智能"诞生于美国达特茅斯学院（Dartmouth College）。在"如何用机器模拟人的智能"的研讨会上，麦卡锡、明斯基、罗切斯特和申农等科学家首次提出"人工智能"这一术语。"人工智能之父"明斯基将人工智能的内涵界定为让机器做本要依靠人的智能才能完成的事情的一门科学。人工智能与人的智力密切相关，是使机器通过听、说、看、思考、学习、行动等对人类智能进行模拟、延伸和扩展的一门技术科学。

当今，在大数据、云计算、物联网等新兴技术的支持下，人工智能掀起了新一轮发展的高潮。人工智能也逐渐开始深入到企业的人力资源管理实践。如斯特罗迈耶（Strohmeier）和皮亚扎（Piazza）（2015）指出，人工智能可以在人力资源管理中的诸多场景中得到充分应用，包括但不限于用人工神经网络（artificial neural networks）预测离职，用基于知识的搜索引擎（knowledge-based search engines）寻找候选人，用基因算法（genetic algorithms）安排员工值班，用文本挖掘（text mining）进行人力资源情绪分析，用信息提取（information extraction）获得简历数据，以及交互式语音应答（interactive voice response）的员工自助服务等应用。

当前，智能化科技力量与人力资源管理的融合尚处于探索阶段，但在全球范围内呈现出快速发展的趋势。如下表8-3列举了在人力资源管理领域的一些智能化应用。

表8-3　人力资源智能化应用举例

HRM功能场景	智能化应用
工作匹配	• 工作发包-接包-交付系统（事-人匹配） • 围绕关键任务的工作团队自组织系统（人-人组合） • 工时/量/质记录可视系统 • ……
招聘甄选	• 智能算法识别 • 人员/干部精准画像 • 适配性预测 • ……
培养学习	• 全时泛在学习 • 自主学习系统、精准推送 • 组织交互学习系统 • ……
盘点、考核与激励	• 人数合一、个人全数据账户系统 • 精准评价 • 精准激励、适时认可 • 人力本价值评级系统 • ……
智能设备/机器人配置 ……	• 智能化、机器人应用 • 新型人机交互协作模式 • ……

如在人与工作的匹配上，通过智能化的任务管理系统，让任务的发布发包、人员的接包抢包，以及任务完成交付和评估等工作作业过程，都实现线上化，不仅能激发员工举手担当的活力、提高人与工作匹配的精准性，还能在系统中存留每项工作任务实施情况的数据信息，也为绩效考核与评估提供了全印记化、真实化的数据基础。

智能化技术与人力资源招聘甄选功能的结合，是发展最快的应用之一。通过智能算法，得以对包括简历信息、行为绩效信息甚至面部识别信息等各类数据进行分析处理，精准描摹候选人的数据画像、精准测算候选人与企业用人需求之间的匹配性参数，本质性地提高人才招选聘任的精确精准度。再如智能化的线上学习平台，基于不同层级、类型人员的培训学习要求，精准推送相关学习素材，促进员工可以实时、高效地进行自主学习。同样，在凡是涉及能力评估、技能评鉴、绩效考核、人才盘点、干部评价等各种人才考评类的场景下，基于数据积累和智能算法、系统的引入，都可以不断提高人才评估的精准性，进而在基于评价结果挂钩激励、联动发展、动态配置等功能上，也能不断提高精确性。当然，随着软硬件结合的智能机器人，在各种业态场景中不断获得应用，其对人员就业、工作方式以及新型的人机协同等方面，也必然会带来更加显著的影响。

但不容忽视的是，智能化技术在使人力资源管理越来越精准精确、高效灵活等升级发展的同时，也会带来一系列潜在的风险：

被 AI 替代的失业风险——如智能机器人的应用，在提高工作作业效率、降低人员雇佣成本的同时，也可能给大量基础性、结构性工作的员工带来被替代而失业的风险。

灵活用工风险——越来越多基于平台化、线上化的灵活用工模式，在提高用工灵活性的同时，也可能带来就业质量下降、劳动关系松弛而损害灵活员工劳动权益的风险。

算法偏见与歧视——越来越智能化、精确化选聘评估系统，在提高人员评聘信度效度的同时，也可能因算法程序的设置而产生新的算法偏见与歧视（Algorithmic bias/discrimination）。

信息茧房效应——越来越精准化的信息推送，看似提高了针对性的同时，也可能带来更强的"信息茧房"效应（Information cocoons），反而让员工获得的信息量、知识面不断受到局限，狭窄化了员工可能的成长。

数字达尔文主义——智能算法使员工的绩效评估及挂钩联动的激励核算更加精确，以奋斗者为本的管理逻辑、差异化的激励机制等，可以通过数字化的支撑实现高精度的安排，这又可能会让人的管理陷入过度拿数据说话的冰冷，产生职场上的"数字达尔文主义"，充满了基于数据的客观精度、缺失了充满情感交互的人文温度。

监控资本主义——智能系统随时随地抓取分析员工的数据，这对员工隐私保护、个人信息安全、数据权益等构成了巨大的潜在风险。同时，无处不在的识别系统，也可能使"监控资本主义"（surveillance capitalism）在组织中蔓延，人人都处于被实时监控的状态之中。

打破工作–生活界面——移动化、网络化的办公系统被广泛应用，在使工作更具弹性、给员工带来更多自主性的同时，也穿透了员工工作与生活之间的界面，意味着在非工作时间、在家庭生活场景下，员工可能实时被联接在工作系统上，带来更多工作–生活冲突。

数据确权问题——数据确权的问题仍然处在探索讨论和争论的阶段，当数据越来越成为重要的生产资料、价值资产时，在数据确权问题上，亟待建立起相应的治理规则和机制。

可见，数字化、智能化的科技力量，在极大地推动社会生活、经济产业以及企业经营管理升级发展的同时，也蕴藏连带着不容忽视的各种风险和挑战。人们既需要按照经济效率逻辑，拥抱时代的科技；也需要配套跟进地建立起相应的数据治理规则与机制，让数智化的力量始终以人为本、有理有序地促进人类社会、经济与管理文明的进化发展。